本书获得 2014 年度教育部人文社会科学研究青年基金项目"文献学视野下的珍稀中国革命史料的搜集、编纂与研究"（项目批准号 14YJC710010）、教育部高校示范马克思主义学院与优秀教学科研团队建设项目（重点选题）"思政课专题式教学设计与实践（16JDSZK012）"资助。

本书在调研过程中承蒙厦门大学宁德校友会、
宁德市市校合作促进会
与罗丽光等校友的大力协助，
谨致谢忱！

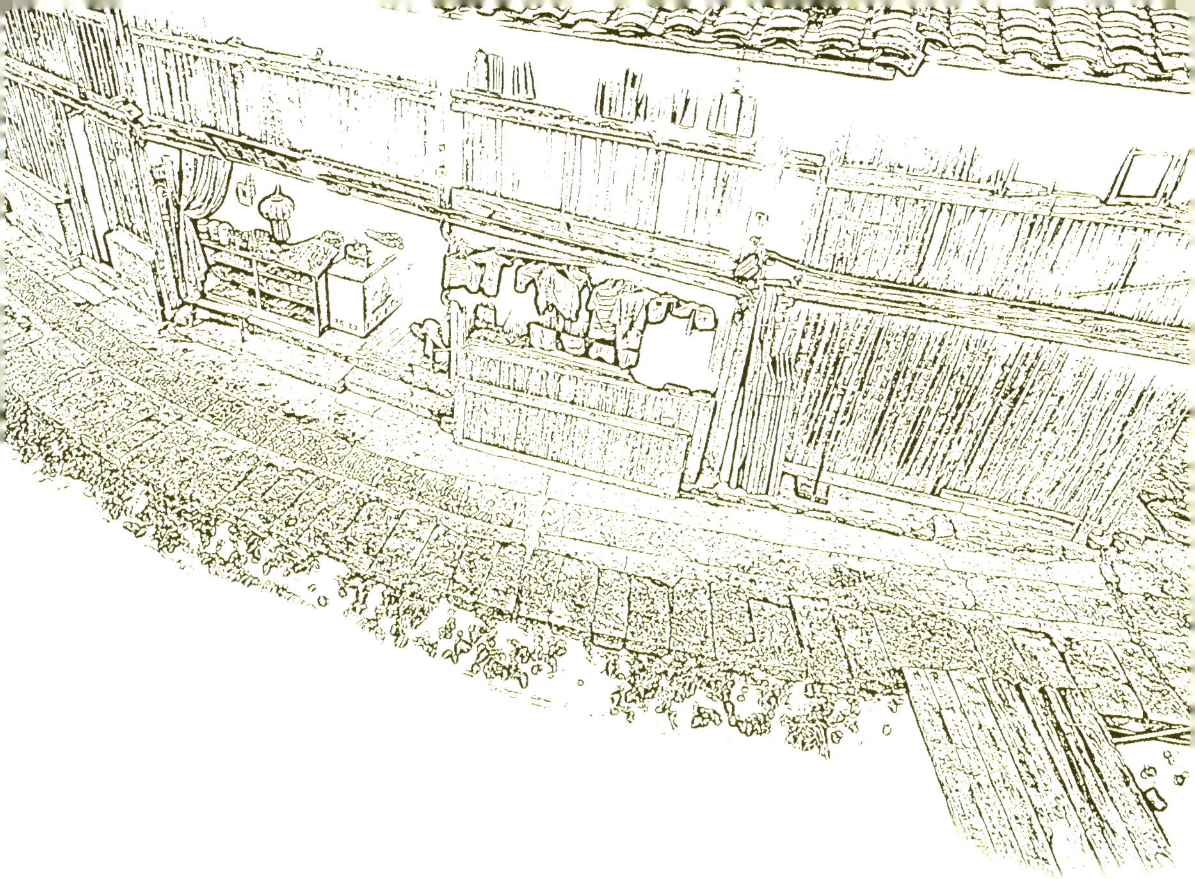

【第一辑】

乡村百年

历史文化名村浦源

XiangCunBaiNian

LiShi WenHua MingCun PuYuan

董兴艳 ◎ 主编

图书在版编目(CIP)数据

历史文化名村浦源/董兴艳主编. —厦门:厦门大学出版社,2018.11
(乡村百年. 第一辑)
ISBN 978-7-5615-7202-3

Ⅰ.①历…　Ⅱ.①董…　Ⅲ.①乡村—概况—周宁县　Ⅳ.①K928.5

中国版本图书馆 CIP 数据核字(2018)第 260918 号

出版人	郑文礼
责任编辑	高　健
封面设计	李夏凌
技术编辑	许克华

出版发行　厦门大学出版社

社　　址　厦门市软件园二期望海路 39 号
邮政编码　361008
总 编 办　0592-2182177　0592-2181406(传真)
营销中心　0592-2184458　0592-2181365
网　　址　http://www.xmupress.com
邮　　箱　xmup@xmupress.com
印　　刷　厦门集大印刷厂

开本　720 mm×1 000 mm　1/16
印张　13.75
插页　1
字数　200 千字
版次　2018 年 11 月第 1 版
印次　2018 年 11 月第 1 次印刷
定价　60.00 元

本书如有印装质量问题请直接寄承印厂调换

厦门大学出版社
微信二维码

厦门大学出版社
微博二维码

追寻闽东之光,坚定文化自信,推进乡村振兴

(代序)

张 侃

实践是培养人才的重要途径,"知行合一"是中国古代教育的基本要求,宋代诗人陆游在《冬夜读书示子聿》曾有"古人学问无遗力,少壮工夫老始成。纸上得来终觉浅,绝知此事要躬行"之感言。的确,一个人只有身体力行,书本知识才能真正转为成才的力量源泉。大学生社会实践活动已成为高校人才培养的重要环节和有机组成部分,课堂教学和社会实践活动相结合,促使大学生正确认识自己的社会责任和历史使命。每个时代都有需要回答的核心命题,社会实践的内容与形式也要与时俱进,才能历久弥新。

十八大以来,国内外形势变化和我国各项事业发展都提出了一个重大时代课题。以习近平同志为核心的党中央,坚持以马克思列宁主义、毛泽东思想、邓小平理论、"三个代表"重要思想、科学发展观为指导,坚持解放思想、实事求是、与时俱进、求真务实,坚持辩证唯物主义和历史唯物主义,紧密结合新的时代条件和实践要求,以全新的视野深化对共产党执政规律、社会主义建设规律、人类社会发展规律的认识,进行艰辛理论探索,取得重大理论创新成果,创立了习近平新时代中国特色社会主义思想。

不忘初心,牢记使命。习近平在福建工作十七年半,围绕着中国特色社

会主义经济、政治、文化、社会、生态文明和党的建设,提出了大量的战略性思路。他在担任宁德地委书记期间,走遍了闽东的山山水水,提出了卓有远见的设想。这些思路和设想成为习近平新时代中国特色社会主义思想的理论起点和有机组成部分。

厦门大学作为位于福建唯一双一流高校,历来重视实践教学在教书育人中的突出作用。为了使学生更为深切理解习近平新时代中国特色社会主义思想,在学校领导和宁德地方政府的大力支持下,马克思主义学院在宁德建立了思想政治教育理论课实践教学基地。近年来,李小平、张侃、董兴艳、邱志强、李德元、水海刚等老师带领学生到宁德市的霞浦、福安、周宁、柘荣、福鼎、寿宁等地开展社会实践,调查社会文化,以"革命基点村大京的百年变迁"和"历史文化名村浦源的百年变迁"等为专题开展撰写了报告。

值此调查报告出版之际,我作为带队老师之一,回想与实践同学们一起追寻"闽东之光"的日日夜夜,不禁会想到几个问题,我们的社会实践为什么要到闽东?为什么要调查村落?为什么要关注传统文化?于是,觉得自己可以在同学们朴素真诚的调查报告的基础上再多写一点文字,分享自己在社会实践之外获得的理论认知,权以为序。

一、《闽东之光》是文化自信的起点

习近平在宁德开展了细致入微的调查研究,形成的思考撰文结集为《摆脱贫困》一书,曾担任福建省委书记的项南为书作序,他说,"近平同志和他的'一班人',在宁德近两年的工作中,带头'四下基层',对宁德的特点和历史,作了仔细的调查和认真的思考,所以提出的设想,比较切合实际。一扫时下那种说大话、说空话、说套话的弊病。虽然近平同志已经调离宁德,但今天是从昨天走过来的,他留下的这份精神财富,肯定会对继任者起承前启后的作用"。① 习近平在宁德所论述的众多改革议题中,文化建设是关注重点。1990年1月,他撰写了《闽东之光——闽东文化建设随想》一文,满怀深情地写道:

---

① 项南:《序》,习近平:《摆脱贫困》,福建人民出版社1992年版,第1页。

追寻闽东之光，坚定文化自信，推进乡村振兴（代序）

什么是闽东之光呢？我想，闽东的锦绣河山就是一种光彩。闽东的灿烂文化传统就是一种光彩。闽东人民的自强不息、艰苦奋斗、善良质朴的精神就是一种光彩。认识到自身的光彩，才有自信心、自尊心，才有蓬勃奋进的动力。……一个地区的文化建设内容很多，有一个重要的着眼点就是要弘扬地方的传统文化。从整个国家来说，中华民族的传统文化在民族的延续和发展中起到了积极的作用。在几千年的文明发展史中，我们已经树立了强烈的民族自信心，无论是在民族危亡，还是在民族昌盛时期，这种自信心都是我们民族精神中最稳定的成分，正是这种自信心，使中华民族度过了近代史上许多内忧外患的危机，使中华民族在世界上有了令人敬佩的今天。①

"闽东之光"是习近平对闽东锦绣河山和灿烂文化的形象概括与生动比喻。习近平经过在闽东的深入调查后，意识到传统文化并不是保守、封闭，优秀传统文化是民族精神中最稳定的成分，如何将其转化为民族自信心，关键在于挖掘和弘扬。1990年1月，正是思想动荡不宁的特殊时期，作为中共宁德地委书记的青年习近平专门以"闽东之光"为切入点阐述自己对文化建设的思考，表现出对中华民族优秀传统文化的充分自信，深入揭示了文化自信与文化建设的内在联系，这绝非一时短暂的思想火光，而是根基深厚的成熟思想。

二、文化自信是四个自信的根本

习近平从文化建设的点滴随想到建立文化自信的理论体系，精神内涵一脉相承。党的十八大以来，习近平多次阐述文化自信的意义，并确认文化自信是四个自信的基础。他指出，"中国有坚定的道路自信、理论自信、制度自信，其本质是建立在5000多年文明传承基础上的文化自信"②，"一个国家综合实力最核心的还是文化软实力，这事关精气神的凝聚，我们要坚定理论自信、道路自信、制度自信，最根本的还要加一个文化自信"③。他之所以指出文

---

① 习近平:《闽东之光——闽东文化建设随想》，习近平:《摆脱贫困》，福建人民出版社1992年版，第16~17页。
② 《习近平谈文化自信》，《人民日报（海外版）》2016年7月13日第12版。
③ 《新设计师习近平·文化篇》，http://politics.people.com.cn/n/2014/1115/c1001-26032453.html，访问日期：2017年10月17日。

化自信与精气神的关联性,目的就在于克服近代以来中国社会被西方文化塑造的"自卑感",只有这样,才能摆脱陷入"盲目西化"或"全盘西化",乃至于"历史虚无主义"的误区。正如一位学者指出的,"文化自信是一个国家、一个民族、一个政党对自身文化价值的充分肯定,对自身文化生命力的坚定信念。只有对自己文化有坚定的信心,才能获得坚持坚守的从容,鼓起奋发进取的勇气,焕发创新创造的活力"。①

习近平还指出了"文化自觉"与"文化自信"的有机联系,强调这是民族复兴中的自我挖掘和自我创建,是文化适应时代的自主创新能力,"增强文化自觉和文化自信,是坚定道路自信、理论自信、制度自信的题中应有之义"②。"文化自觉"是人类学家费孝通晚年反思的核心概念,"文化自觉只是指生活在一定文化中的人对其文化有'自知之明',明白它的来历,形成过程,所具的特色和它发展的趋向"。③"文化自觉"是"一个民族文化发展的内在要求,是文化发展的必然环节,是解决文化危机的逻辑基础,也是对文化内在矛盾与张力的理论表达"。④ 习近平 2016 年 11 月 30 日在中国文联十大、中国作协九大开幕式上的讲话对此也表述得非常清晰,他从正反两面指出了文化自信与国家兴衰、民族危亡的密切联系,"文化是一个国家、一个民族的灵魂。历史和现实都表明,一个抛弃了或者背叛了自己历史文化的民族,不仅不可能发展起来,而且很可能上演一幕幕历史悲剧。文化自信,是更基础、更广泛、更深厚的自信,是更基本、更深沉、更持久的力量。坚定文化自信,是事关国运兴衰、事关文化安全、事关民族精神独立性的大问题"。⑤ 党的十九大报告,更为简练地概括了上述内容:"文化是一个国家、一个民族的灵魂。文化兴国运兴,文化强民族强。没有高度的文化自信,没有文化的繁荣兴盛,就没有中华

---

① 云杉:《文化自觉、文化自信、文化自强——对繁荣发展中国特色社会主义文化的思考(中)》,《红旗文稿》2010 年第 16 期。
② 习近平:《在文艺工作座谈会上的讲话》,《人民日报》2014 年 10 月 15 日第 2 版。
③ 费孝通:《反思·对话·文化自觉》,《北京大学学报(哲学社会科学版)》1997 年第 3 期。
④ 邹广文、云泽人:《文化自觉与中国文化的健康发展》,《道德与文明》2011 年第 3 期。
⑤ 习近平:《在中国文联十大、中国作协九大开幕式上的讲话》,《人民日报》2016 年 12 月 1 日第 2 版。

民族伟大复兴。"

　　文化是一个民族的生活方式，存活在日常生活，浸润于国人心中，或浑厚大气，或雅致精巧。习近平认为，中国传统思想文化"体现着中华民族世世代代在生产生活中形成和传承的世界观、人生观、价值观、审美观等，其中最核心的内容已经成为中华民族最基本的文化基因。这些最基本的文化基因，是中华民族和中国人民在修齐治平、尊时守位、知常达变、开物成务、建功立业过程中逐渐形成的有别于其他民族的独特标识"[①]。从中西文明比较视野看，"独特标识"与建筑学家们提出的"场所精神"（genius loci）的意义极为接近。"场所精神"是来源于罗马人对场所守护神的信仰，是一个古老的概念，古罗马人相信，"每一种'独立的'本体都有自己的灵魂（genius），守护神灵这种灵魂赋予人和场所生命，自生至死伴随人和场所，同时决定了他们的特性和本质"。[②] 2012年12月，他在广东考察工作时讲话中也同样阐述了优秀传统文化与民族的"根""魂"的关系，"中华民族有着五千多年的文明史，创造和传承下来丰富的优秀文化传统。一方面，随着实践发展和社会进步，我们要创造更为先进的文化。另一方面，在历史进程中凝聚下来的优秀文化传统，决不会随着时间推移而变成落后的东西，我们决不可抛弃中华民族的优秀文化传统，恰恰相反，我们要很好传承和弘扬，因为这是我们民族的'根'和'魂'，丢了这个'根'和'魂'，就没有根基了"。[③]

　　在习近平文化自信思想的指导下，中国共产党的第十九次全国代表大会上，十八届中央纪律检查委员会提交的工作报告阐述了传统优秀文化作为"独特标识"的决定性价值。报告深刻分析文化自信与中国优秀传统文化、中国特色社会主义、马克思中国化的多重关系，意义深远：

[①] 习近平：《在纪念孔子诞辰2565周年国际学术研讨会暨国际儒学联合会第五届会员大会开幕会上的讲话》，《人民日报》2014年9月25日第2版。

[②] 诺伯舒兹著，施植明译：《场所精神——迈向建筑现象学》，华中科技大学出版社2010年版，第18页。

[③] 中共中央文献研究室编：《习近平关于实现中华民族伟大复兴的中国梦论述摘编》，中央文献出版社2013年版，第33页。

中华民族从5000年绵延不断的悠久历史中走来，创造出博大精深的中华文化，孕育出世界上唯一没有断流的中华文明。孝悌忠信礼义廉耻的文化基因世代相传，为中华文明注入深厚的伦理责任和家国情怀，赋予我们民族强大的统一性、内聚力和百折不挠的品格。中华民族自古就坚守着历史传统，任何外来文化进入中国最终都被中国化。中国共产党继承了中华民族的文化根脉和精神追求，中国特色社会主义道路是中华民族悠久历史的延续。马克思主义中国化的过程，就是同中华传统文化精华相融合、与中国具体实践相结合的过程，文化自信是对"中国特色"的最好诠释。①

三、留住乡愁到振兴乡村的必然

乡村是中国传统文化的传承地和发扬地，是中国人的精神家园，是中华民族5000年绵延不断历史的载体。梁漱溟先生即谓，"中国文化的根在乡村，新中国的嫩芽必须从旧中国的老根——乡村中长出来"。中外学界普遍认为，传统中国的城乡文化是连续而非断裂的，都市并没有形成优越观念，乡土生活方式也没有被城居者所轻视，乡土文化就是中国文化的主体。村落不仅有田园庐墓等自然景观，更有存活于其中的历史和情感的文化记忆。如钱穆先生在《灵魂与心》自序中云："余生乡村间，聚族而居。一村当近百家，皆同姓同族。婚丧喜庆，必相会合，而丧葬尤严重，老幼毕集。岁时祭祀，祠堂坟墓，为人生一大场合。长老传述祖先故事，又有各家非常奇怪之事，夏夜乘凉，冬晨曝阳，述说弗衰。遂若鬼世界与人世界，紧密相系，不可相割。及长，稍窥书籍，乃知古先圣哲，遗言旧训，若与我童年所闻，决非一事。中心滋疑，怀不能释。"由此，乡土文化成为钱穆追问人生意义的起点，也是得以与西方文化进行理论辨析的思想资源。

近代以来，在工业化、都市化的急剧冲击下，中国城乡趋于两极化并日益对立，一方面，城市因政治、经济、交通、文化中心的缘由而形成人、财、物分配优势，吸引大量乡村人口。而乡村人口进入了城市之后，原有的熟人社会

---

① 《十八届中央纪律检查委员向中国共产党第十九次全国代表大会的工作报告》，http://cpc.people.com.cn/19th/n1/2017/1030/c414305-29615363.html，访问日期：2017年10月17日。

生活关系瓦解，生活秩序被解体并重构，出现造成社会动荡不安的局面。另一方面，在物质文明感官刺激下，乡村也成为近代精英眼中的愚昧、落后、封闭的代名词，对乡下人的歧视成为城乡分化的副产品。

2017年国民经济和社会发展统计显示，到2017年年底，常住人口城镇化率58.52%，户籍人口城镇化率为42.35%。游走于城市和乡村之间的进城务工人员有28171万人。数字背后是城市繁荣带来的抽水机效应，一座座喧哗的城市似乎宣告中国社会告别贫困，但事实并非如此，乡土社会的血缘、地缘关系的松动，家族和村落文化的衰微，乡村的空心化，不仅带来社会发展的失衡，而且带来了中国文化的失忆。更为甚者，在"资本"和"权力"的压力、竞争与诱惑之下，传统村落统"穿衣戴帽"，"千村一貌""百户一色"已成为常态。当前，乡村治理主体弱化、对象多元、道德失范、环境复杂。黑恶势力、宗族恶势力蔓延，甚至部分农村基层政权、基层组织出现黑恶化。黄赌毒盗拐骗等违法犯罪活动猖獗，治安形势严峻。非法宗教活动和境外渗透活动高发，乱建庙宇、滥塑宗教造像屡禁不绝，利用宗教干预公共事务问题突出，社会秩序受到干扰和破坏。这些问题，表面上看是乡村治理水平和能力的直接反映，本质上是传统农耕文明价值观受到挑战、文明乡风弱化、乡村文化衰落的结果。

正因为此，20世纪90年代后期，"乡愁"迅速弥漫于中国社会，其原因就与场所精神的危机息息相关。乡愁是什么？习近平说："乡愁就是你离开这个地方就会想念这个地方。""乡愁"是一个地方自然环境、经济因素、生活方式等长期积累而成的文化记忆，在英语语境中，"乡愁"与"怀旧"为同一个词——Nostalgia。"乡愁"的发生，一方面对旧事故人或故乡的美好向往，另一方面蕴含着对急速推进的都市化和现代化进程的逆反心理和抵触情绪。历史经验表明，凡是能很好地重塑城乡关系，挖掘乡村魅力和特色，注重乡村治理，乡村的吸引力就强，经济社会发展也比较稳健。反之，如果过于注重城市发展，忽略乡村建设，不仅"三农"问题日益突出，而且恶果最终由城市承担，导致社会失衡和生态恶化。

习近平关于乡土、乡愁、乡村有一系列重要讲话与指示，2013年12月12—13日，中央城镇化工作会议在北京召开，习近平总书记、李克强总理到会并作重要讲话，会议提出："要注意保留村庄原始风貌，慎砍树、不填湖、少拆房，尽可能在原有村庄形态上改善居民生活条件"，"要传承文化，发展有历史记忆、地域特色、民族特点的美丽城镇"。① 2015年1月，习近平总书记在云南考察时指出："新农村建设一定要走符合农村实际的路子，遵循乡村自身发展规律，充分体现农村特点，注意乡土味道，保留乡村风貌，留得住青山绿水，记得住乡愁。"②

党的十九大阐明中国的社会主要矛盾已转化为人民日益增长的美好生活需要和不平衡不充分的发展之间的矛盾。作为经济社会活动的两大空间载体，乡村是中华文明的根脉所在。中华民族的伟大复兴不能仅仅依靠城市文明的单极扩张，还需要激发乡村文明的内在活力。党的十九大报告把乡村振兴战略与科教兴国战略、人才强国战略、创新驱动发展战略、区域协调发展战略、可持续发展战略、军民融合发展战略并列为党和国家未来发展的"七大战略"。乡村振兴战略提出的"产业兴旺、生态宜居、乡风文明、治理有效、生活富裕"20字方针，是极为英明的决策。

四、乡土传承是振兴乡村的基石

乡村振兴绝不是一场乡村美化行动，它是现代化建设新阶段的一场深刻革命。乡村不发展，中国就不可能真正发展；乡村社会不实现小康，中国社会就不可能全面实现小康；乡土文化得不到重构与弘扬，中华优秀传统文化就不可能得到真正的弘扬。如何有效、科学实施乡村振兴战略，关系到我国是否能从根本上解决城乡差别以及乡村发展不平衡、不充分的问题，也关系到中国整体发展是否均衡，是否能实现城乡统筹、城乡一体化的可持续发展的

---

① 《中央城镇化工作会议在北京举行 习近平李克强作重要讲话》，《人民日报》2013年12月15日第1版。

② 《习近平在云南考察工作时强调：坚决打好扶贫开发攻坚战 加快民族地区经济社会发展》，《人民日报》2015年1月22日第1版。

问题。

振兴乡村的核心是人，乡土建设的根本也在于人，实现路径不是简单的自上而下的外在灌输，而是自下而上的内生发展。只有乡民对故土心存留恋，心有所属，才能守住"乡土"，留住"乡愁"，其中乡村振兴战略的20字方针"乡风文明"是关键要素，乡村振兴不仅要注重乡村环境治理和人居环境设计，而且要准确把握乡土文化的本质特征、基本形态、社会价值、现实意义，实现乡土文化的创造性转化，立足于"乡愁"唤回被现代化进程吞噬的乡村记忆，使乡村逐渐焕发活力，是乡村振兴的必经之路。可以这么说，乡土文化重建是乡村振兴战略的灵魂所在。按此原则，实施乡村振兴战略，必须转变过去重经济、轻生态、轻文化的发展理念，必须并行实施"口袋"和"脑袋"的建设方针。尤其应总结新农村建设和美丽乡村建设中的经验教训，如福建省住建厅发布了《关于印发2016年美丽乡村建设负面案例的通知》中指出的，在推进美丽乡村建设过程中，一些地方依然存在贪大、求全现象，不注重发展实际，不注重地域文化，不注重民心所向，争头衔，抢名号，大拆大建，把美丽乡村建设变成一个个"形象工程"。大广场、大亭子、大公园，看似"高大上"，但无论是建筑风格还是整体布局都无法融入乡村面貌实际，完全呈现出"两张皮"。村与村之间，地方与地方之间，表面上比的是谁的楼层更高，谁的广场更大，私下比的是"面子工程"。归根结底，是扭曲的"政绩观"在作祟。

我们在闽东的暑期社会实践中，以习近平在"闽东之光"指引的方向为原则，以"乡风文明"为焦点，在乡建、乡俗、乡规、乡贤等方面进行了深入调查，形成了一些可推进乡村振兴的参考性意见，简要归纳内容如下：

1. 实施振兴乡村战略，使传统乡村成为生态宜居、富裕繁荣、和谐发展的美丽家园，离不开对原有聚落的保护、利用与继承。传统村落往往是生态保存较好、环境优美的空间场所，具有自然美；民居、祠堂、牌坊、桥梁、关隘、城墙、书院、古塔、寺庙、戏台、墓葬、石刻、碑记等展现历史的厚重和沧桑，具有人文美。

2. 乡土文化是一种根植于大地的文化体系，社会价值理念和集体情感记忆来自于文字与非文字等部分，注重收集民间文献和口传故事，将为后代子孙留下一笔宝贵的遗产。乡土文化的文字形式就是各种文本，如家族谱牒、契约合同、民间账本、金石碑文、戏曲唱本、日用杂书等，乡土文化的非文字形式就是文化习俗，诸如春节、元宵、清明、端午、中元鬼节、中秋、冬至等年节形式和生、长、婚、丧等生命礼俗等。

3. 乡土文化的延续力和生命力与民间社会草根力量关系密切，看似"一成不变"的乡村面貌，其实蕴含着"千变万化"的生机。草根文化属于文化的"小传统"，它们利用地方性知识建立良性秩序，由此形成了"村规民约"或者"公序良俗"等民间条款。这些条款虽然为民间自发的规定，但它们被群众遵守并成为稳固的道德规范，直接影响乡土社会的基本结构。

4. 乡贤文化植根于乡土，是中华优秀传统文化的重要组成部分。乡贤大都饱读诗书、隆情重礼，带有乡土色彩的亲切感和权威性。作为本乡本土有德行、有才能、有声望而被本地民众所尊重的贤人，他们在教化乡民、反哺桑梓、泽被乡里、温暖故土等方面有所作为，而对凝聚人心、促进和谐、乡土重建大有裨益。

目 录

家族 | **浦源郑氏家族变迁初探**　　　宋叔然　曾　莹 / 1
　　一、郑氏宗祠与族谱 / 3
　　二、郑氏家族的发展与变迁 / 12
　　三、郑氏家族与浦源村 / 18
　　四、余论：家族的意义与价值 / 28

家风 | **浦源郑氏家风家规百年变迁**　　　黄旭辰　申轩宇 / 29
　　一、宗祠、孝子坊 / 31
　　二、从时间线上看浦源郑氏家风家规百年变迁 / 32
　　三、从类型上看浦源郑氏家风家规 / 37

宗教 | **浦源村的信仰生活**　　　刘安妮 / 41
　　一、浦源村宗教信仰概况 / 43
　　二、浦源村民间信仰现状 / 60

生态 | **自然·人居·人文**　　　刘晟堉　肖佳琪 / 65
　　一、浦源村的自然生态 / 67
　　二、浦源村的聚落形态 / 74

三、浦源村的人文生态 / 80
　　四、比较与建设性展望 / 89

土地 | 新中国成立初浦源地区土地改革　　　肖振楠 / 93
　　一、土改前浦源地区的一般情况 / 97
　　二、浦源土地改革进程 / 99
　　三、土地改革的意义和存在的问题 / 107

村治 | 乡村治理的一个切面　　许荣泽　吴泽乾 / 117
　　一、鲤鱼溪旅游开发中的乡村现状 / 119
　　二、旅游开发过程中的矛盾冲突 / 122
　　三、基层治理的一些思考 / 124

感悟 | 大学生眼中的新农村 / 129
　　一、走进浦源村 / 131
　　二、实践的方法与方法的实践 / 135
　　三、我们能为乡村振兴做些什么 / 140

结语 / 145
附录 / 149
参考文献 / 198
后记　　石红梅 / 201

家族

浦源郑氏家族变迁初探

宋叔然　曾莹

闽东宁德市周宁县浦源镇浦源村是福建历史文化名村，以举世罕见的鲤鱼溪和"人鱼同乐"独特文化景观闻名遐迩。值得注意的是，浦源村是一个典型的单姓村，村中95%以上的人都姓郑，并有始建于明代的郑氏宗祠和秩序完备的家族组织。对于地方社会来说，家族是其最重要的组成部分之一，郑氏家族的发展变化与浦源村的兴衰息息相关。本次调研立足于对浦源郑氏宗祠、郑氏族谱的考察和在当地的走访调查，试图初步揭示郑氏这一地方大族的发展历程，探索浦源村与郑氏家族之间我中有你、你中有我的共生关系，从个案角度为中国基层地方社会的变迁研究提供家族维度的简单分析与讨论。

船形的郑氏宗祠（周宁县宣传部 供图）

一、郑氏宗祠与族谱

（一）郑氏宗祠概况

浦源郑氏宗祠位于今福建省宁德市周宁县城西5公里的浦源村，是华东地区保存最完好的宗祠之一，与浙江浦江县郑宅镇的郑氏宗祠、安徽歙县郑村的郑氏宗祠，并称华东地区郑氏三大名祠。宗祠呈船形，大门外两侧有功名碑4对，祠内有泥塑7尊、木雕神主牌136面及众多匾额、楹联等。

郑氏宗祠所在的浦源旧属宁德县东洋里，因鹅在此孵蛋，故元明时亦俗称孵兜，至清初更名为峬源，新中国成立后改为浦源。

浦源郑氏宗祠始建于明洪武十六年（1383年）①，为河南荥阳迁至浦源的朝奉大夫郑尚公之八世孙晋十公（郑模）所建，以鹅孵蛋处为址。至万历三十一年（1603年）由小祠改建大祠。清康熙二年（1663年）原址再建，康熙四十二年（1703年）重修复构前座②，此时所修的祠堂，两庑、正门四围皆为十二丈六尺的高墙，阔六丈一尺。乾隆三十三年（1768年），再次重修，搭建了戏台，琢石搭建了明堂前居中的台阶。咸丰元年（1851年），重建，在新建的首门上放上了竖写的"郑氏宗祠"刻石；重门上悬挂上了一面"义门济美"匾，为状元吴伯宗为晋十公所书。大座前的副梁上书写"郑祠宗法"匾一面，左右挂选举董事匾及安神主位次匾二面立在坛上；有"咸林望族"匾一面，为合族请知事黄式苏为肇基始祖所立；又"国戚名裔"匾一面，为明状元翁正春为晋十公所立。大座左边上方有"好义醇风"匾一面，是郑显所立；又有"中古民豪"匾一面，为定九公所立。大座右边上方有"东社维屏"匾一面，为巧六公所立；又"一堂五代"匾一面，为四房敏齐之父所立；旁边副梁上孝匾及

---

① 《五甲赠八公派孙□·祠堂记》，民国廿七年（1938年）谱。另，《浦源镇志》中为明洪武十八年（1385年）。
② 《浦源郑氏中楼族谱·祠堂志》中记为康熙二年（1663年）因村中住家起火，殃及宗祠，同年，于原址重建一堂，康熙四十三年（1704年）十月，复构前座。

左右座节匾、寿匾、衔匾数十面。民国时，合族会议再建后座一座，临时公请祠董会于大座后墙外用公款受买各小房秧地基十数号深。[1] 民国廿六年（1937年）十月在祠堂左侧建水口桥一座，民国廿八年（1939年）七月，在祠堂左边加建厨房一座。[2] "文革"时期遭到破坏，1991年扩建第三座[3]，1996年秋进行大规模整修。2009年9月，再次扩建宗祠，由三进式扩建为五进式，于2013年4月竣工。

郑氏宗祠第二进

郑氏宗祠为船形造型，按这一造型建造宗祠是缘于一个传说：浦源郑氏始祖郑怀公路过此地，于柳杉树下小憩，梦见自己乘一巨轮，从者无数，财宝满船，醒来后以为这是吉祥之兆，遂立下遗愿，要以此树为船桅，建祠如船形，于是郑氏后人便依此来修建宗祠。初建之时的宗祠形制较小，为坐北向南前窄后宽的二进式建筑，仿若船头，经过历次修葺扩建后今为五进五厅，包括一戏台、四天井、八厢廊，中轴直道的船形建筑。

---

[1] 《五甲赠八公派孙□·祠堂记》，民国廿七年（1938年）谱。
[2] 《郑氏宗谱（卷一）·古迹类》，1988年谱。
[3] 周宁县浦源镇志编纂委员会：《浦源镇志》，福建美术出版社2015年版。

现在的郑氏宗祠大门外有清咸丰九年（1859年）设置的4对旗杆石，门上有"郑氏宗祠"石刻，落款时间为"咸丰元年九月十九日"，石刻两侧绘有兰、菊、桃、梅四物，大门两侧刻有对联"德门望重宗风旧，福首支分世泽新"。进入大门后过一天井即第一进，有碑刻、修祠捐款名单及戏台等物；第二至五进，主要为供奉牌位，其中第五进为宗祠正厅，供奉着北宋驸马郑南公、荣宁公主赵氏及始祖朝奉大夫郑怀公、始祖母吕氏塑像，左边是广行善事，最后归神的郑九公塑像，右边是建祠及保护鲤鱼的郑晋十公及其夫人塑像，两侧自第五进主神位至第二进依次陈列着历代的神主牌位；各进之间所连接的走廊上，墙上石刻为2009—2013年祠堂扩建捐款名单，上挂历代郑氏名人，并被打造为鲤鱼溪文化长廊，介绍鲤鱼溪文化民俗及郑氏宗祠文化等；廊顶绘有八景图及历代相关诗文。

郑氏宗祠是华东地区保存最完好的宗祠之一（周宁县宣传部 供图）

郑氏宗祠于民国六年（1917年）创选祠堂董事会管理祠堂，并饬祠丁看守，按照既定的时间启闭祠堂门户。[①] 自民国六年（1917年）始至民国廿七年（1938年）祠董会每三年一改选，共八届，除第五届3人、第七届为11人，其

---

① 《五甲赠八公派孙□·肃祠》，民国廿七年（1938年）谱。

余均为12人，其中多数人只任一届，但也有连任多届者，或一年即卸任者。①至今，浦源郑氏宗祠依然由祠董会管理，有一老人住在祠堂中看守祠堂，平日祠堂正门紧闭，人们由东南角一角门进出，当重要日子或举行重大活动才洞开祠堂大门，例如农历三月三日或文化旅游节。

（二）牌位样式与内容

在浦源郑氏宗祠的神龛上，一共陈列着136面神主牌位。自第五进至第二进，由内而外依次按照各房支及左昭右穆的次序排列着从郑氏迁浦始祖郑怀公至郑氏廿九世子孙的神主牌。这些牌位有以前留下来的也有后来新做的，在十年动乱时期，人们把那些老牌位藏到了夹墙或村外山上使其得以保存，动乱结束后将其迎回。新做的牌位，一部分是因为有一些老牌位被偷盗贩卖而重新补做的，一部分是因为家族发展延续而新增的。新做的牌位要放入宗祠没有固定的日子或是仪式，只需选一个好日子即可。

宗祠供奉着神主牌位，也是举行祭祖等活动的场所，但是对于当地的郑氏子孙而言，神主牌位并非灵位，按照当地习俗，灵位不进宗祠，而是供奉在家中，一年期满以后就可以烧掉，而祠堂中的神主牌位起到的是相当于家谱的作用。也正是因为人们把神主牌当成家谱，所以在制作的时候也会把还在世之人的名字刻上，对于此举，一些人不甚在意，而一些人比较忌讳，所以在祠堂中的一些神主牌位上可以看到用红纸遮挡住了一些区域，当有人去世时，就剪下对应名字上的红纸。

祠堂牌位有大有小，大的主要有7面，供奉于主神位，而小一些的则是分列两旁。这些牌位上都有精美的雕刻，上部的雕刻多为龙，部分是中间为龙或人物两边为凤，仅有两尊为房屋造型刻有牌匾和楹联；底座的雕刻有八仙过海、西游记等各式图案；两侧亦有各式精美图案，如人物、植物花卉等。

郑氏祠堂中的神主牌位主要是按照神主的辈次顺序排列的，正中主神位为迁浦始祖，两侧按照昭穆排列。正中主神位的朝向与祠堂建筑的方向一致，

---

① 《五甲赠八公派孙□·历届祠董一览表》，民国廿七年（1938年）谱。

为坐北朝南向，左侧为昭在东侧，右侧为穆在西侧。因为浦源郑氏宗祠的神主牌每一面上都不是单人，少的包括四五世，多的包括十余世，所以排的时候是以牌位上辈分最高者的辈次来确定牌位位置。

宗祠内部分牌位

浦源郑氏宗祠是一座总祠，供奉的牌位自开基祖始，传至廿九世孙。所有牌位的最上方均写着郑氏郡望"荥阳郡"，多数为自右向左横写，少数为自上而下竖写；牌位最下方均为竖写或横写"神主"二字。牌位主体内容格式包括：（1）一大面牌位，分为左、中、右三个部分。这种情况又分两种——第一种是牌位中间部分为竖写主要人物，两侧按照左昭右穆排列，如正中主神位，中间书"荥阳堂宋代迁莆始祖朝奉郑公妣吕氏太夫人"，左侧部分为一分支"伯祖支"，右侧部分为其他第二、四、六、八、九世分支，这也是唯一一面写有堂号、朝代、事件及官爵的牌位；第二种是上方横写某某公子支，下面按第几世某某公妣某某氏依次排列。（2）一面牌位不分区，一些写了某某公子支，一些没有，这种情况下又分为三种——其一，从上到下横写某世竖写人名，部分有妣某氏，部分没有；其二，中间上部写某氏某某，两侧按昭穆之制分列其子孙；其三从右至左从上到下按世代顺序写。

（三）郑氏族谱

在这次田野实践中，一共见到了三套十五卷十六本郑氏族谱：（1）乾隆三十四年（1769年）《浦源郑氏中楼族谱》一卷一本；（2）民国二十七年（1938年）谱十卷二本，谱名皆有损毁，一本写着《五甲赠八公派孙□》，另一本只余"浦源"二字；（3）1988年《郑氏宗谱》十二卷十三本。这次所见到的这三套族谱均存于一户，保存较为完好，其中1988年的这一套族谱一共有一式三份，其中念九子支的为孟字号，楚三子支的为仲字号，楚五子支为季字号。宗谱平时藏于户中，少有人翻阅，在特定的时日会搬出让族人翻阅，例如在当地有农历三月三日洞开祠堂大门搬出族谱让族人翻阅查看的习俗。

郑氏族人在宗祠查看族谱（周宁县宣传部 供图）

郑氏家族的三套族谱主要内容对比见表1所示。

表1 郑氏家族三套族谱的主要内容对比

1769年本	1938年本	1988年本
稺号郡姓金字图	四修浦源郑氏宗谱新序	一卷序文：
郑氏郡姓篆图	浦源郑氏宗谱源流序	治家十要十不要
编修题跋	修谱凡例二十一则	修谱凡例
重修总叙	家训类卷一：	宗祠法规十条
郑氏世谱序	肃祠孝悌睦族嗣续业儒业农	肃祠孝悌睦族嗣续业儒业农
宁阳浦源郑氏族谱序	完课茔葬吉礼凶礼禁赌戒讼	完课茔葬吉礼凶礼禁赌戒讼
驸马公履历叙	建基类卷二：	副梁扁内家训十六条
历朝显宦品秩叙	浦源大祠记	郑氏始祖分迁各处略志
郑家世训	郑祠家训十六条	郑氏家训
谱跋	历届祠董一览表	谱跋
郑氏族谱后续	祠业一览表	郑氏荥阳郡受姓源流序
浦源郑氏家山八景叙附诗	纪世类卷三：	荥阳郑氏谱序
宁阳城邑舆图志	浦源郑氏始祖朝奉公派下名	郑氏历代迁徙源流序
东洋周墩行县	字雁行弁首世次图	重修浦源郑氏宗谱题跋
周墩分县	本枝类卷四：	重修浦源郑氏宗谱题跋总叙
麻岭巡检司	荥阳郑氏婺州远祖分支世系图	郑氏家谱序
浦源肇迁履历户籍	浦源开基始祖朝奉公论浦源	浦源郑氏族谱序
祠堂志	开基始祖南公派下世系总纲图	初修浦源郑氏宗谱序
大宗小宗图	浦源开基始祖尚公派下世系	重修郑氏宗谱序
家礼宗法考	纲目全图	三修浦源郑氏宗谱序
历代指掌图	孝义类卷五：	四修浦源郑氏宗谱序
谱例格言	孝子义士	四修浦源郑氏上下十甲房族谱序
婺州闽南福首世籍	选举类卷六：	五修郑氏宗谱序
浦源世系纪附像赞	谷口密公派下官宦录浦源朝	浦源郑姓谱序
历代祖坟志附名地图	奉公派下中楼房题名录冠带	浦源郑氏舆图志
录旧谱先代履历事实	耆宾例捐贡监生员毕业	浦源八景诗序附诗
各房众业山场备录	大年类卷七：	宁阳驸马郑南公履历
	浦源尚公派下中楼房男女有	郑氏远祖分迁各处略志
	八十起者	浦源开基始祖朝奉公论
	节孝类卷八：	邑志：
	节妇	南公、昭叔公行实

续表

1769年本	1938年本	1988年本
	艺文类卷九： 前谱各序 八景诗序 八景诗词 名人行实佳作 寿文 **古迹类卷十：** 坛殿宫寺各厅桥亭山场地号	浦源开基始祖朝奉公派下历祖行实 科名仕宦录、恩荣录（诰敕、旌表等） **节孝类：** 孝妇、孝子 **古迹类：** 祠宫庙 寺阁桥 亭坊坛厅及山场地号 浦源村名由来 环村山峰祖祠匾额楹联 **建置类：** 顾老会 八字庵 鲤鱼溪公园 东洋渡桥 公共厕所 祥异 重修郑氏宗祠序 村界山界山场深塆田垄 鼎建樟龙宗祠记 樟龙咸谷塆古迹 公产 **行第：** 第二十世至四十八世 荥阳郡郑氏受姓受郡源流图 荥阳郡郑氏世系图 二卷孟六公派下世系图 三至六卷念九公派下世系图 七至九卷楚三公派下世系图 十至十二卷楚五公派下世系图

乾隆三十四年（1769年）《峬源郑氏中楼族谱》

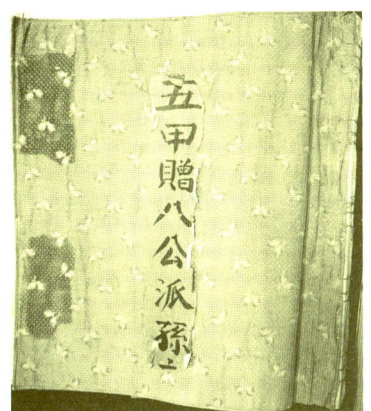 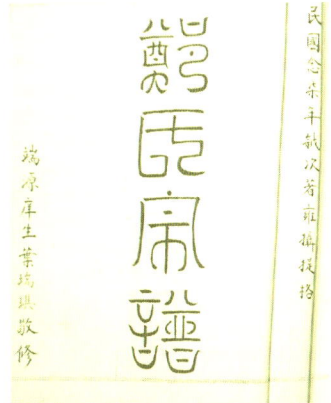

郑氏宗谱，民国二十七年（1938年）谱十卷二本

1988年《郑氏宗谱》十二卷十三本

这三套族谱虽都是族谱但也不尽相同，其中乾隆三十四年（1769年）的《峬源郑氏中楼族谱》和民国二十七年（1938年）谱是支谱，而1988年谱是宗

谱，因此1988年谱中所记录的内容远远多于前两者。

从族谱中看，浦源郑氏宗谱至少修订过五次：第一次修谱于明万历丁丑年（1577年），第二次为清乾隆五十七年（1792年），第三次为清光绪二年（1876年），第四次为中华民国二十七年（1938年），第五次为1988年。在访谈中知道了现在郑氏族人打算按照族谱30年一修的规律，计划于2018年或2019年组织新修族谱。

二、郑氏家族的发展与变迁

（一）家族来源

根据族谱中的记录，浦源郑氏来源于荥阳郑氏，他们以荥阳为郡望。汉武帝太始元年（公元前96年）分河南新郑为荥阳郡。唐贞观六年（632年）闰八月，敕定四海姓氏名族，各姓氏均带有郡望，其中就包括荥阳郑氏。

郑姓出自姬姓，因周文王姬昌之十一世孙姬友（桓公）受封于郑地，而后以封地为姓，即郑姓。浦源郑氏《中楼族谱》中载："郑氏原谱则出自少昊、黄帝之后，帝喾十五世孙周文王昌十四世孙姬姓名友，谥曰桓公，乃厉王之子，宣王之弟，封于郑，为伯爵，因地为姓。"我们所看到的最老的一部族谱是清乾隆三十四年（1769年）的，此时的族谱所载已经把郑氏姓氏来源上溯至黄帝，黄帝这一人物形象更多的是存在于传说中，并没有当时的史料可以考证出他的存在，按照古史辨派的观点来看，中国古史是层累地造成的，关于黄帝的传说出现于战国时期，如果按照这个观点，那么就变成了现实中的人源于传说中的人。据说"黄帝居姬水，以为姓"①，而周为姬姓，郑姓是因姬姓子孙分封于郑后因地为姓，故而认为郑姓出于黄帝。浦源郑氏以黄帝为远祖，以桓公为受姓始祖，以当公为受郡始祖，以庠公为迁婺州始祖，以昭公为迁闽始祖，以满公为迁连江始祖，以可封公为迁谷口（福首）始祖，以尚公为迁浦源始祖。其族谱所录自黄帝至浦源始祖郑尚之源流详见本书附录一。根据学者的

---

① 许慎：《说文解字》，中华书局2013年版。

研究：

> 宋明之间的士人，一方面反对远攀华胄，牵合附会，另一方面又主张姓族源流不可不考，致力于远代世系的追寻，以致世人修谱时竞相仿效，莫不以攀缘附会为尚……明清以来修撰的家族谱，大多数以宋代以后的祖先为始祖，但同时也往往不惮其烦地追溯始祖以前的远代祖先。①

浦源郑氏是在何时将黄帝作为自己的远祖在这次田野调查中并未能够知晓，可知的是在清乾隆三十四年（1769年）时修的族谱中已经将自己的远代祖先追溯至黄帝，并且已经将浦源郑氏的始祖确定为宋代（960—1279年）的朝奉大夫郑尚。在这一点上，郑氏族谱与许多族谱一样，远祖始祖都是帝王将相、达官显贵。

造成这一点或许是因为当时修撰家谱的各种主客观条件限制，例如，其一，信息难以收集，古代的信息一是靠手书记录，一是靠口耳相传，但是同时也有很多战乱，在战乱的过程中手书资料可能会散佚，而对于家族信息的口述资料一方面是在口耳相传中可能发生讹变，一方面可能几代过去就已经说不清了。其二，修谱通常会耗费大量的人力物力，在家族安居乐业较为兴旺的时候可能有能力修谱，但是战乱时期社会动荡或者家族没落的时期可能就没有修谱的能力了。在这样的情况下把家族远祖上溯的黄帝这一形象上既受客观条件影响，也是受到当时社会以攀缘附会为尚的风气的影响。关于郑氏远祖的记载大多比较简略，在郑庠之前只有一个单线的源流图记录了郑姓是如何从黄帝传下来的，而从郑庠开始就有了略为详细的记录，但是在这些记录中也有一些矛盾的地方。

（二）浦源郑氏家族的形成

关于浦源郑氏家族的形成，有较为详细的记录是从郑庠开始的，郑庠少子昭入闽居福州，而后历十二世至郑满，郑满为浦源郑氏始祖郑尚之七世祖。

---

① 刘志伟：《明清族谱中的远代世系》，《学术研究》2012年第1期。

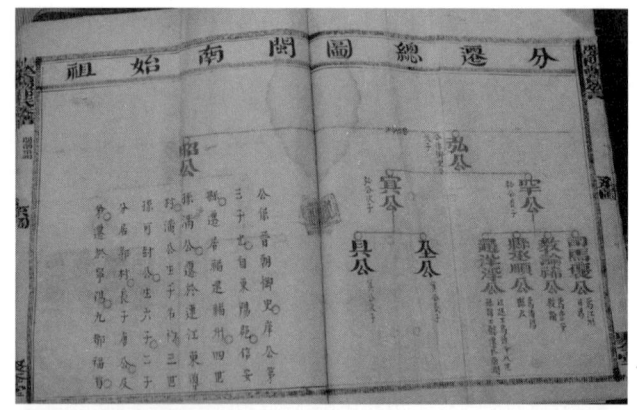

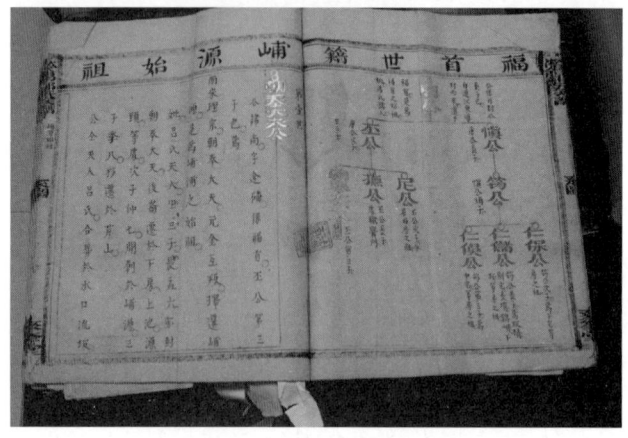

《浦源郑氏中楼族谱》书影两帧

桓公四十八世孙郑庠在晋怀帝时为御史,永嘉元年(307年)八月任婺州东阳郡信安县侯,晋愍帝建兴四年(316年),刘渊、石勒作乱,不复荥阳,卒于任上,葬于信安。郑庠娶徐氏、刘氏,徐氏生三子,长子郑平居衢州,为晋大将军,封信安侯;刘氏生五子,长子郑望居润州丹阳,次子郑宠居越州会稽,三子郑碑无嗣,四子郑瑾居宣州东阳县,五子郑济为晋御史。郑庠少子郑昭入闽,食邑福州,其子孙逐渐繁衍,散居各县,包括古田、侯官、兴化、温州等地,郑氏族人迁居这些地方即是从此时开始的。昭公至满公共历十三世,满公居连江东导村,娶彭氏生一子郑初居连江,又娶谢氏生三男三女,迁至长溪霍童,霍童原属长溪,至宋太宗淳化三年(992年),公知宁德县,有司奏闻乞移宁德,十年后割归本县。霍童初为第一洞天、第六福地,为神仙之窟,遂带领家人迁于此地。初公四世儒林，其孙名可封，娶黄氏生六子，可封与其二子居于郭村，梁太祖乾化年间（911—913年）迁移至谷口，谷口后改名为伏首，再改福首，其长子郑唐娶马氏，生二子，长子郑慎、次子郑丕，分为两房，郑慎之子郑筠为中宅等房的始祖。郑丕生三子，长子郑抚任职簧门，次子郑尼分为西房，三子郑尚，为宋代朝奉大夫，迁居十七都峬源，即为峬源郑氏之始祖。郑筠生三子，亦分为三房，长子仁储为板桥、酒楼、新宅、长境、山岍、鸡屿、下杯等房的始祖，次子仁保为下宅房的始祖，三子仁俣为中宅、彭塝、师桥、黄河等房的始祖。①

按照族谱中的记录，浦源郑氏以宋人郑尚为肇基始祖，郑尚官朝奉大夫，妣吕氏，生三男，孟六、仲七、季八。而按照祠堂神主牌位，浦源郑氏始祖亦为宋代朝奉大夫，妣吕氏夫人，但名为郑怀。

以郑尚为始祖，且迁浦时间一载嘉定二年（1209年），一载嘉定十二年（1219年），而以可封为福首始祖，时间为梁太祖乾化年间（911—913年），《浦源郑氏中楼族谱·宁阳峬源郑氏族谱序》中的文字记载郑尚为郑唐之次子丕之三子，而《郑氏宗谱（卷一）·荥阳郡郑氏受姓受郡源流图》中又记郑尚为郑唐之长子慎之子筠之子，这两种记法，即从郑唐至郑尚历四代或是五代，而从乾化元年（911年）至嘉定二年（1209年）共计298年，若为从乾化元年（911年）至嘉定十二年（1219年）则为308年，四世或五世似乎不可能历经300余年。且关于始祖郑尚族谱中除世系及官拜朝奉大夫妣吕氏并无更多记载，也无行实且浦源郑氏宗祠中牌位上的一世祖写的是郑怀公。

（三）当代郑氏家族认同

当代浦源郑氏家族族人除仍旧居住在浦源的，亦有散居于各处的，近的如邻近各村、周宁城关、霞浦，远的如福州、政和、浙江龙泉等。在扩建宗祠需要族人捐款的时候，各地族众均有捐款，对于修建宗祠的捐款也可以反映出他们对家族的认同，若无认同，则不会认为那是自己的宗祠，也就不会捐

---

① 《浦源郑氏中楼族谱·宁阳峬源郑氏族谱序》，乾隆三十四年（1769年）。

款了。

一方面，仍居浦源的郑氏族人依旧保持着从前所订立的村规民约，例如保护溪中鲤鱼，不得随意捕捞。创造出独特的鲤鱼文化，因此浦源郑氏又称为闽东锦鳞郑氏，这样的文化仍旧得到传承。另一方面，浦源郑氏至今族徽、家规家训等仍在传承，当我们在郑氏宗祠进行田野调查的时候，当地也有人在进行宣传家规家训家风的活动。在我们接触到的人中，也有人因为对家族的强烈认同而选择从外地迁回到浦源生活。

当地村民也对族中出过的名人感到认同与自豪，例如提到孝子坊时，很多人都可以说出关于它的故事，并且认为"可以去看一下"，说明当地人对孝子坊还是有很强的认同感的。还有黄埔军校第一期步兵毕业的郑应文，村中他的故居也一定程度上被保护起来。

郑氏宗祠第五进悬挂的屏南、长乐、福安等地宗亲赠匾

家族 | 浦源郑氏家族变迁初探

人鱼同乐的鲤鱼溪景观得以保留至今（周宁县宣传部 供图）

三、郑氏家族与浦源村

(一)鲤鱼溪的文化传统与风俗

浦源村的形成与发展、郑氏家族的繁荣都离不开一条神奇的河流,那就是如今已经被开发成景区的浦源鲤鱼溪。这条被誉为"中华奇观"的鲤鱼溪源于鹫峰山脉海拔1448米的紫云山麓,数十条山涧清泉自西向东汇流至平坦开阔的浦源村口后,水势顿减,形成五弯六曲之势,穿村而过。因为溪中有上万尾黑、绿、红、黄或红白相间、红黑交错的各色鲤鱼,所以这条溪就被称为鲤鱼溪。

据族谱和当地传说,南宋嘉定二年(1209年),浦源郑氏肇基始祖朝奉大夫郑尚从宁德九都谷口迁居于此,即在清澈的河流中放养鲤鱼用以监测水质、去污澄清,亦可供人观赏。明朝初年,郑氏的八世祖晋十公在溪中大量放养鲤鱼,为确保溪中鲤鱼能世代繁衍不断,他召集村人订立乡规民约,禁止垂钓捕捞,违者处以重罚。同时为严明纪律,在族规公布的第二天,他还巧施"苦肉计",暗使自己的孙子故意去抓一尾鲤鱼,当场将其抓住,随即宣布其违反禁约理应鞭笞示众。在宗祠里,晋十公当众将他的孙子打得皮开肉绽,并"罚宴"村人三日、"罚戏"三场,以儆效尤。在开宴前,他让村人立下毒誓:无溪中鲤鱼,则无浦源村人。于是,后来历代村民均遵循古训,自觉恪守乡规民约,绝不捕食溪中鲤鱼,将鲤鱼当成村中一员关爱备至,他乡群众更不敢觊觎偷捉,于是这人鱼同乐的鲤鱼溪景观得以保留至今。

关于鲤鱼溪的形成,还有这样一段具有玄幻色彩的传说故事:浦源郑氏自开基祖郑尚公之后至八世祖晋十公都行善德,家族兴塑,晋十公为感激鲤鱼功劳,率村人拓宽山溪,并借助神话故事,讹称鲤鱼是"三仙姑"化身,且有林公庇佑,偷捕者会降灾得疾,以此来神化鲤鱼、保护鲤鱼溪。

传说,晋十公平日常将钱粮施舍给穷苦人家和过往乞丐,乐善好施的名声四处传扬。于是有一天,有个乞食婆带着一男一女乞食仔来到村中,他们自然得到了郑晋十公家人盛情款待,三人在郑家住了三天,装病三天,故意让郑家人服侍照顾,病愈后跟郑家人告别,行至村口桥头突然显出真身,原来他们竟是三位神仙——"三仙姑"。然后,"三仙姑"骤然变成三条鲤鱼,悠然漫游溪中,见人毫不惧怕。从此,鲤鱼便在溪中繁衍生息,代代相传,那座神仙化鱼的桥头即被称为"仙桥头",桥下的潭水即是"仙姑潭"。据考证,所谓"三仙姑"即三霄娘娘,是道教神话传说中的三位仙女:赵云霄、赵琼霄及赵碧霄。她们在民间与道教中被尊奉为主司"福星""财星""送子"的三位仙姑正神。

《孔子家语》记载:"孔子年十九,娶于宋之幵官氏之女,一岁而生伯鱼,伯鱼之生,鲁昭公使人遗之鲤鱼。夫子荣君之赐,因以名其子也。"国君鲁昭公把鲤鱼作为礼物送给孔子贺其得子,而孔子又名其子为"孔鲤",可见对鲤鱼的看重古来有之。

浦源鲤鱼溪还有极具特色的"鱼葬"习俗,简单来说就是一旦鲤鱼溪中有鲤鱼死了,村里一定要举行由郑氏尊长主持的鱼葬仪式,之后将鱼葬在鱼冢中。鱼葬习俗的来源,一说起自晋十公苦肉计护鱼时开始,后来成为村里重要习俗,把鲤鱼自然老死或因其他变故死亡,都说为鲤鱼上天了。除由村里德高望重的老人将它们送到鱼冢安葬,还要燃香、烧纸钱、放鞭炮。如死的鱼较多,送葬场面则比较隆重,通常会拜读祭文。祭祀之礼后则会用柴草把鱼烧成灰,埋葬在鲤鱼溪下游距郑氏祠堂不远的"鱼冢"里。

"鱼冢"是一座两三米高的小土丘,在土丘上立有两株参天的古柳杉,这两棵古树因其形态而被村民称为"鸳鸯树"。两树之间立着一块石碑,上书"鱼冢"二字。鱼冢主体面朝鲤鱼溪和郑氏宗祠,呈拱圆形,为鹅卵石堆砌而成,冢前石碑、石案、香炉等祭祀物件一应俱全。四周则是由稻田改种的大片荷花池。浦源人自豪地表示,这是全国唯一一座"鲤鱼墓"。

浦源鲤鱼溪极具特色的"鱼葬"习俗

多方资料显示,如今的"鱼冢"并非历史遗迹,是1986年浦源村村民用鹅卵石重修的。虽然不是古物,仍然寄托了浦源村村民对鲤鱼的虔诚敬意。根据传闻,"鱼冢"中已安葬数以万计的鲤鱼,当地人却说鱼冢里总未见填满,其四周也从未有过异味。目睹了浦源鲤鱼溪"鱼葬"习俗的记者这样描写道:

一位领队的老者,手托铜盘,上置一条即将安葬的鲤鱼,身后是一群穿着古装的长者和全村的男女老少,混着鞭炮声和锣鼓声,在一位司仪的宣布下,鱼葬开始。先是由先前那位领队老者将"得享天年"的鲤鱼安放在祭台上,并对其进行敬香、上酒、顶礼膜拜;接着,由村中德高望重的族人宣读祭文:"奈何天不永年,遽尔云亡,人非草木,焉能忘情,衔悲忍痛,还招尔魂……"此后,将鱼隆重地葬于"鱼冢"中,点香、烧纸钱以表纪念。

全体人员一片悲戚，其情其景，丝毫不亚于为亡故亲人下葬。①

随着旅游业的开发，鲤鱼溪自1985年开始，由浦源村村民自己动手，逐渐建成了一个可供游客休憩、观鱼的鲤鱼溪公园。经过当地各级政府的不断投入和扶持，如今的鲤鱼溪公园不断扩建，不仅包括鲤鱼溪上石板桥、木板桥与溪旁民居古屋相映成趣的流水山村景观，还涵盖了上游的小型自然保护区和下游郑氏祠堂、林公宫、观鱼亭、半月桥等古迹与新景，共同构成了一幅异彩纷呈、竞秀争奇的风景画卷。这个以人鱼同乐为核心的旅游景区，也逐渐发展完善成为国家4A级景区，俨然成为周宁县旅游的一面旗帜。

旅游的发展固然为浦源村和鲤鱼溪带来了更大的生机和活力，却也在一定程度上冲击并改变了当地原有的部分习俗。以最具特色的鱼葬活动为例，村民习俗中此类活动本应在有鲤鱼死亡时举行，但如今为了配合地方政府的旅游推广计划，这种活动似乎除了在当地传统的三月三，还有就是在每年的旅游文化节时才会特意举办，而且一切仪式皆以配合文化宣传和旅游推广为导向，并不能原汁原味地呈现当地最朴素自然的风俗习惯。从自然规律来判断，鱼类的死亡并不罕见，而溪中鲤鱼的数量也极多，鲤鱼死亡的数量应该很多，费时费力的鱼葬仪式可能并不如通常描述的那样在有鲤鱼死亡的时候就举办，所以在特殊活动中安排进行也有方便仪式活动组织的考虑，但这样以外部因素为主导的民间活动自然会带有极重的表演意味，不免削弱了活动本身所承载的历史文化内涵。

从浦源鲤鱼溪护鱼爱鱼、人鱼同乐的风俗习惯的形成和发展中可以看到，郑氏家族作为村落的主要组成部分，一直在主导着地方社会的建设与演变，无论是以族规的形式确立鲤鱼溪人鱼和谐的原则，还是主持操作鱼葬等民间仪式活动，郑氏家族通过对鲤鱼溪的持续"经营"，不断强化着家族组织和地方社会的紧密联系。甚至可以说，在九成以上村民姓郑的浦源村，家族组织和地方社会完全是两位一体地围绕鲤鱼溪的相关活动操作。

---

① 李洪元、席国胜、徐三郎、尹大明、石壁岭：《中国唯一鲤鱼文化古村落浦源 人鱼相守800年》，《福建农业》2014年第2期。

当然，随着现代化生产生活方式的变革，特别是旅游业在浦源地方社会中地位的提升，鲤鱼溪的这些仪式活动和文化价值面临重塑的命运：一方面，政府推动的旅游业导向让郑氏家族在一系列鲤鱼溪文化活动中从策划者变为参与者，活动的组织者必须根据外部的需求来调整自己；另一方面，当代价值更加看重鲤鱼溪人鱼同乐景观中的生态文明价值而非社会生活价值，人们的关注点从谁来主持活动转移到活动的内容及背后的生态内涵上。这两方面的变化，无疑都使郑氏家族在鲤鱼溪文化活动中的地位大大削弱，家族组织与地方社会的合二为一因此动摇。

（二）地方社会发展中的郑氏家族

浦源村的郑氏家族在800多年的发展历程中，除了与之朝夕相伴、人鱼同乐的鲤鱼溪，家国层面的大历史也曾深刻影响着这一家族与村落合一的地方社会，同时，郑氏家族的子孙们也积极参与到更高层面的社会组织中，在家国大历史和地方与家族小历史的互动过程中留下了他们的身影。这其中最具代表性的，就是在鲤鱼溪东侧300米处古道路口的孝子坊的故事。

这个故事发生在明末清初。锡繁公名大雅，字锡繁，号卓园，浦源郑氏第十五世孙，世人尊称其为锡繁公。明朝末年，清兵入关、北京陷落后，明皇族唐王朱聿键（隆武皇帝）在福州建立政权，力图抗清复明，督标黄答及福安进士刘中藻起兵效忠唐王。当时，刘中藻的军队驻扎在周宁浦源、周墩等地，锡繁公之父方三公秉承民族大义，毅然毁家纾难，资助钱粮给明军。

清顺治六年（1649年），清军将领白进宝在闽北建瓯剿灭明军余部回师福州，途经浦源村时，有人将方三公支持刘中藻抗清复明之事密告于清军，于是清军不顾其重病在身，强行将其押解带走。当时，锡繁公在萌源岳父家知悉父亲被捕后，星夜追赶，沿路追至梨坪，在献上重金也无法赎回父亲的情况下，独自承担了所有罪名，以身代囚，舍身救父。

在押解途中，锡繁公深知自己必死无疑，但想到父亲重病在身无人照顾，是自己不孝，自己死于父亲身前，使父亲承受白发人送黑发人的悲痛，更是不

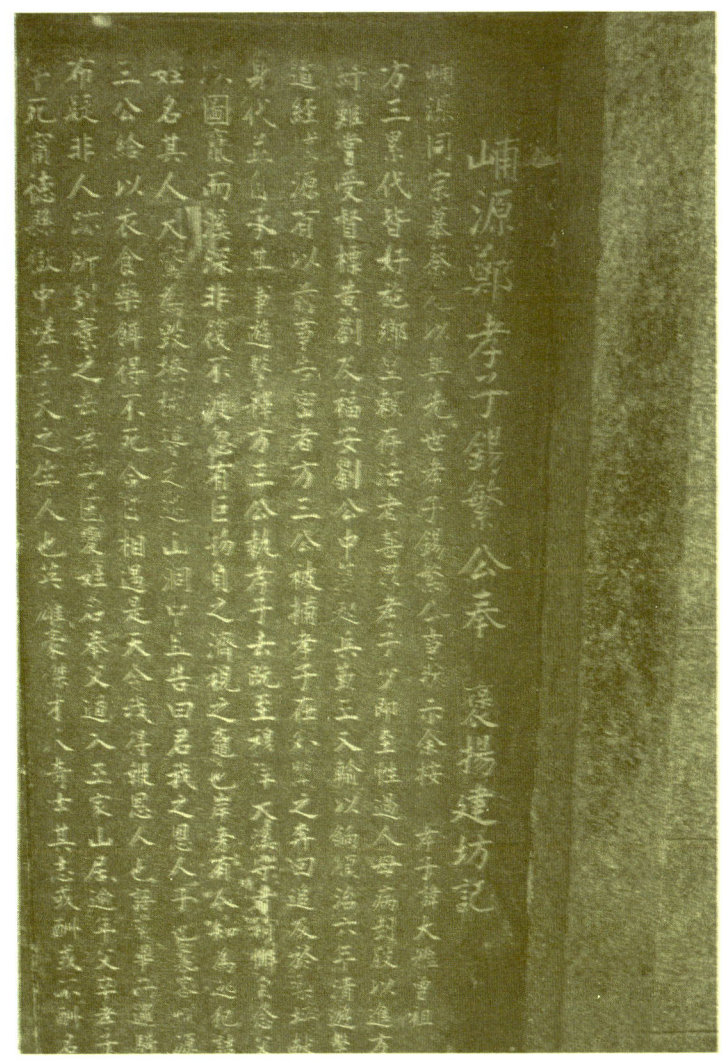

浦源村的孝子坊。这座高7.2米、宽6米、深6.5米的牌坊,是民国七年（1918年）为表彰郑氏子孙锡繁公的孝行而建

孝。于是决定不如伺机逃脱,待孝敬父亲度过晚年后,再来送死。当清军行至福安穆阳溪边时,锡繁公乘清军不备,突然跳进溪中准备游到对岸,但不谙水性的锡繁公很快就淹没在急流之中。就在清军误以为犯人是畏罪自寻短见之时,九死一生的锡繁公被一只千年神龟驮到对岸,又有幸得到穆阳缪老伯相救。缪老伯听完锡繁公的身世,当即口呼恩人向其叩头拜谢。原来,多年

前缪老伯经商途经浦源突发重病，正是得到锡繁公之父方三公的救助才转危为安。

缪老伯深知不能将锡繁公藏在家中，便带着他藏匿到一个山洞里。不久天降大雨，雨后洞口的蜘蛛重新织网，一切恢复原状。第二天清兵搜村搜山，追查至洞口见蛛网密布，未进洞搜索，锡繁公得以逃脱。当天，锡繁公就乘夜色潜回浦源家中，与父亲隐姓埋名，遁匿于黄家山（今狮城镇官山一带）中隐居数年。直到父亲病逝，锡繁公将父亲安葬后，他践行"替父送死"诺言，先尽孝后尽忠，义无反顾地选择了投案自首，县令李即龙被其孝行感动，不忍大加伤害，只将锡繁公在狱中关押至顺治十五年去世为止。

后李即龙仰慕孝子锡繁公的孝心与忠义，为其题匾"孝迈黔娄"以表彰他的悲壮事迹（今仍存于郑氏宗祠）。迫于当时的社会背景，这件事情没人敢大肆宣扬，但浦源郑氏族人没有忘记锡繁公，而且对救助锡繁公的神龟和蜘蛛心存感激，郑氏后裔如周宁刘氏感谢神龟的救祖之恩，从此禁食龟鼋，遇到蜘蛛结网挡了窗户也是小心地将它移到别处。

民国初年，浦源村的名士郑谟光（字慕蔡）等人为了弘扬孝道，向政府有关部门呈报了郑大雅的事迹。民国七年（1918年），大总统徐世昌题写"孝阙流芳"四字褒扬，福建省的许多官员、名士如福建督军兼省长李厚基、闽海道尹王善荃等纷纷撰写对联、诗文，以记其事。郑谟光、郑敏斋、郑廷直等协同族人耗资3330银元，于民国八年七月（1919年8月）动工在浦源村东兴建孝子坊，次年十一月落成，旁立有褒扬建坊记，以弘扬孝道，勉励后人。

锡繁公舍身救父的故事尽管在代代相传中掺杂了神话传说的色彩，但结合故事发生的时代背景，可以清晰地看到郑氏家族作为浦源地方社会的主要组成部分积极参与社会事务，这一方面是基于传统儒家正统道德标准理应为之，另一方面也希望借此获得更高层面的认同、提高在地方社会的地位和影响力。

尤其是在锡繁公事迹发生的200多年后，郑氏家族成员顺应时代的变化，以弘扬孝道文化为契机，力促当时政府予以褒奖，并特地修建孝子坊来纪念和彰显郑氏家族先祖的光辉事迹,在宣扬公义、勉励后人之外,更为郑氏家族换来了几乎前所未有的国家认可与社会声望,光耀门楣的同时也加强了郑氏家族对地方社会的话语权和控制力。

(三)民间信仰活动中的郑氏家族

在浦源村中,有通天圣母、林公、文昌帝君和民间佛教等各具特色的民间信仰,它们有各自的活动场所、有参与活动的固定人群、有定期举办的仪式活动。作为浦源村主要组成部分的郑氏家族,自然在这些民间信仰活动中扮演着重要角色。

观察林公宫、通天圣母庙、文昌阁、观音阁等民间信仰活动场所中的捐献赞助者名录可以发现,尽管根据当地人的说法,这些庙宇的主要辐射范围只限于浦源村一带,但这些名录中"郑"姓人的比例很低,通常不足1/4,远远不及郑姓人口在浦源村所占的比例。

可以理解的是,这些民间信仰都非浦源所特有,如林公信仰的发源地就在与浦源同为周宁县辖的玛坑乡杉洋村,周边地区相同和相关的信仰也比较繁荣,所以这些庙宇自然与其他地区有所联系和交流。而浦源村作为周边村落中一较大型者,后来也成为浦源镇政府驻地,从人文地理学意义上具有更大的服务范围,势必在民间信仰层面有超越村落本身的影响力。

通过考察这些庙宇捐献者名录和访谈村民可以进一步推测,在捐献名单中出现的部分非郑姓人士,可能是嫁到浦源村郑氏家族的女性,因为据村民说,如今参加民间信仰活动的基本是以中老年女性为主。

在浦源这些民间信仰的仪式活动方面,调查发现他们的活动地理范围都不出浦源村,而且游神等活动都是沿着同一路线交错在一年中的不同时间进行,可见其信仰的基础还是在浦源本村。那么作为浦源村主体力量的郑氏家族对这些民间信仰活动的态度就值得推敲了。

与村中郑姓尊长谈话中可以了解到,在郑氏族人心目中,宗族活动在地方社会中仍然处于一个相对主要的位置,但他们并不排斥其他民间信仰在村中的存在和活动,通天圣母、林公等信仰在浦源最初起源时郑氏族人都参与其中即印证了这一点。同时,作为家族主体的成年男性尤其是中老年男性尊长,在对待民间信仰时并不积极,即使他们活跃于鲤鱼溪鱼葬等类似仪式活动中,却很少参与并不体现家族色彩的其他民间信仰仪式活动,庙宇捐献者名录中相对罕见的郑姓人士也为这种态度提供了佐证。

可以说,郑氏家族在对待浦源村民间信仰的问题上,采取的是家族组织和信仰活动相互平行、互不干涉的态度,在郑氏家族核心成员(即有一定话语权的成年男性)心中,家族事业高于民间信仰,但二者并不冲突。但需要注意的是,村中的男性对于民间信仰不甚热衷的现象也与生产生活方式有关(比如外出打工),更少不了社会历史大背景(如反迷信反封建)的影响,因此在一百多年前的封建社会、在近百年来的社会大变革时期,家族组织和民间信仰的关系是否如今日所见的一般,则要寻找更多材料来进一步研究了。

(四)郑氏家族与当代地方社会治理

明清以来,作为人数占绝对优势的最大群体,郑氏家族在国家力量缺位的基层地方社会——浦源村具有无可匹敌的影响力,这是毋庸置疑的。而在发生了巨大社会变革的当代中国,这样一个带有"封建残余"色彩的家族组织势必会面临一定的削弱,尽管如此,得以延续至今的郑氏人口比例绝对优势使得郑氏家族在当地地方社会治理中仍不可忽视。世殊时异,他们不再能以地方社会的主要领导者和决断者自居,却可以通过一些新的方式广泛参与到地方社会的治理中来。

在浦源村,家族组织的强势体现在很多方面,一个比较有代表性的现象就是几乎所有以村委会名义发布的告示,落款通常是浦源村委会和(郑氏)"祠堂理事会"(亦作"祠董会")并署,比如最基础的村规民约即是如此。这种现象在单姓村相对常见,反映出某一大姓即某一家族在村中的绝对主体地位。反映在具体人员上,如今的祠董会负责人("董事长")兼任村支部书记,在处理郑氏家族事务时具有最大的责任,同时在地方社会也作为国家和政府认可的负责人协调村中的各项事务。特别是，在向上对接县、镇两级政府的任务时他以村书记的身份忙碌于日常工作，在管理和组织村民也即郑氏家族成员时则按家族事务协调人的职责充分考虑家族的利益诉求。这就将家族组织和地方社会通过各种具体、实际的方式又重新联系起来了。不得不承认，对于地方治理的主体——政府来说，这是处理地方社会治理问题时最为简洁高效的务实做法。

但家族组织的力量也在随着时代变革逐渐变化，目前的趋势无疑是越来越弱。在基层村落中，"老人会"通常是乡村老人们自发组织起来处理丧葬等事务的一个重要民间组织，但据了解，浦源村的类似组织"顶老会"因为内部矛盾等原因如今已经解散，在遇有丧葬事宜，有时只能以祠堂理事会名义进行组织，发动大家出工出力。但经常协商不利，导致大家不欢而散。究其原因，虽然村中各方人士之间的利益纠葛可归为主因，但背后的驱动力则更可能是新的社会生产生活方式变革，使得村落中各户、家族中各支缺乏团结在一起的向心力，彼此之间的联系越来越少，越来越疏远了。凝聚力不足的家族组织自然开始松动，各自为政的局面让地方社会的权力天平从家族组织这边倒向了当代政治意义上治理主体——政府。浦源村门庭冷落的村委会正反映出这一变化。从一定意义上说，郑氏家族在浦源的社会治理上一直扮演着重要角色，二者之间的同一性决定了家族组织的衰落实际也意味着村一级"村民自治"的需求和能力越来越弱，公共事务直接与乡镇政府对接，就成了浦源这个镇政府所在地的村庄目前典型的社会状况。

从村落之内的视角来看，一个理应紧密的家族组织往往显得支离。而如果采取外部视角，浦源村的郑氏家族也能给人以不同的感受。如今的浦源村和郑氏家族，因为被大力发掘文化价值，开发成了周宁县的招牌旅游区，有大量的机会和上级政府沟通联络，也经常能接触到来自全国各地形形色色的人，以何种形象和形式完成上级政府的任务、与外界进行交流，就成了浦源村和郑氏家族所面临的一个重要课题。以承办周宁县旅游文化节为例，这样的重大活动经过县、镇两级政府的分工分配，落到浦源村和郑氏家族手里的任务就是向外界介绍鲤鱼溪的文化传统,并组织展示当地特色的鱼葬鱼祭活动。这时候,郑氏家族立刻呈现出一个源远流长的家族组织的秩序与团结:尽管活动的参与者多数是六七十岁的老人,却保持了极强的纪律性,由组织者统一安排调遣;活动中分工合作,配合默契,轻车熟路地为外界展示浦源特色的鲤鱼文化;对外接触中则任务明确,由祠董会负责人统一安排,接受记者采访、配合摄像拍摄、对接参观人群,各司其职,相当谨慎认真。在外界看来,浦源郑氏家族的组织无疑完全是一个集体,步调统一、秩序分明,并无什么矛盾与隔阂,堪为家族之典范。这说明,"家族"在浦源人心中还是一个边界明确、荣誉与共的社会共同体,对内无论有千般争斗,也是"兄弟阋于墙,外御其侮"。

四、余论:家族的意义与价值

在当今中国谈到家族,往往让人有复杂的情感:一方面,家族作为家庭的延伸,是以血缘关系构建的社会共同体,家族认同能够给中国人带来最朴素、最传统的安全感;另一方面,家族组织的严密、家族法度的严苛为生而无法选择血缘的中国人带来与生俱来的枷锁,家族的权威令每个家族成员又恨又怕。这种矛盾情感能够解释为什么在近百年来的社会大变革中,家族组织时而备受倚重、时而又作为封建残余被打倒,到今天被赋予新的价值,能够以正能量的"家风文化"东山再起、重受推崇。不过从鲤鱼溪到孝子坊,从家风文化到廉政教育(周宁县纪委正计划将郑氏宗祠建设为廉政教育基地),这些家族故事的新生并非简单地回到从前,人们的关注点早已从家族本身转移出来,无论是生态文明还是孝道文化,都已有了新时代的内涵,那些不符合时代发展的陈旧价值取向通通在家族的时代"蜕变"中被悄悄抛弃了。

所以,从历史的角度说,当代话语下的家族,其意义与价值看似被重新提起,但根本上的一些立论基础已经被彻底改变。这是新生,更是消逝。落后于时代的事物理当淘汰,不过不能忘记,从这些已成往事的家族故事里,往往能够探寻事实背后的逻辑:郑氏家族与浦源村的发展历程,让我们对家族认同、地方共同体与国家的互动关系,有了更加生动的认识。

浦源郑氏家风家规百年变迁

黄旭辰　申轩宇

家风是中国特色正能量,是千百年来在家族中形成的独特精神风貌,体现在家族每一个人的日常行为中。中央电视台曾推出过《家风是什么》系列报道,家风是什么,在浦源郑氏得到很好的诠释。

浦源村的孝子坊（周宁县宣传部 供图）

一、宗祠、孝子坊

郑氏宗祠中匾额楹联保护完好,内容多与家风家规相关。

宗祠大门外两侧楹联为"德门望重宗风旧、福苜支分世泽新",昭示着浦源村郑氏德门望重的地位以及家族风貌和对子孙世代的期望及美好期盼。

大门外正中挂着"义门济美"匾额,戏台上方则为"一曲升平"牌匾,两侧挂有"沸吾耳""感人心"的字样,两侧的对联分别为"懿余得其门入孝出悌,何莫由斯道折矩周规"、"荣悴何常绘出黄粱一梦,勤惩不爽悟来金鉴千秋"。

祠内共有九十七块牌匾、五十九副楹联,多为歌功颂德、褒扬美德,为贺寿而赠的也不在少数。祠中的匾额楹联等承载着郑氏宗族百年来世代传承的优秀文化、不断丰富的家风家规内涵和价值取向。

浦源郑氏向来重视孝道,浦源村东面古驿道临近村口处的孝子坊,坊匾刻有楷书"孝阙流芳"还有"篆令""孝子"竖匾,距今已有百年历史。据《浦源镇志》载,石柱对联为福建督军兼省长李厚基、闽海道尹王善荃、宁德县知事黄世苏、宁德县知事沈守经、众议院议员林栋以及郑宗霖、郭翼唐、陈文瀚、张国钧等人撰写。

牌坊旁有褒扬建坊记,记述孝子锡繁公的事迹等。为了更好地传承中华传统美德、倡导践行新时期孝道,引导广大公民坚守孝心、自立自强、践行孝义、敬养父母、弘扬孝道、引领正气,培育新时期孝道的引领者和示范者,浦源郑氏后裔对孝子坊进行了扩建、重修,增加了部分孝文化的内容,并希望此举能够成为维持社会秩序、改善社会风尚、促进社会和谐、增强民族凝聚力的正能量,远以孝行天下、德被千秋。1990年,孝子坊与郑氏宗祠一道被周宁县人民政府列为县级文物保护单位。

郑氏宗祠第一进的部分匾额、对联

二、从时间线上看浦源郑氏家风家规百年变迁

南宋端平年间，郑唐后裔朝奉大夫郑怀公迁入周宁县浦源村，此后郑氏家族在此开枝散叶。最早可以追溯到的有关浦源村郑氏家族的家风家规文化始于明代洪武年间，郑氏宗祠第一进大门外正中悬挂的匾额"义门济美"就是洪武十六年始建郑氏宗祠的郑模所赐予进士及第的吴伯宗的，宗祠第五进正座所悬挂的匾额"国戚名裔"则是明代万历三十六年正月状元、礼部尚书翁正春题写的。明代政治经济文化繁荣，经济上手工艺和商品经济繁荣，郑氏宗祠中这一头一尾两块匾额也正反映出当时浦源郑氏在洪武之治、万历中兴时的盛况，以及郑氏先祖在当时的崇高地位。

清朝年间，浦源郑氏不断发展壮大，成为当地名门望族。从当时的一些匾额中可以看出作为荥阳郑氏后代的崇高地位，如"望重宾筵"说的是家里出入来往的都是德高望重的宾客，这样显得自家也是非常有德行的。"东社维屏"说的是浦源郑氏是这一块地区的屏障，可以保护这一片地域，说明其地位之高。"中古民豪"说的也是浦源郑氏是有权势的家族。

除了对家族的歌颂，这一时期的匾额多以祝寿为主，大多是对晚节、德行进行歌颂，"晚节弥芳""淑德高年""节顺流芳"等匾额是赞扬妇人拥有高尚的道德和节操，"升平俊髦"是郑之翰为其公八十八岁和母亲九十岁所立的，"俊髦"指的是才智杰出的人，也有高尚的意思。"杖朝硕德""萱帏日永""硕德耆龄""古稀贞寿""积善延龄""柏节松龄""耄耋齐眉"等都是清朝年间在老人大寿时为其祝寿的匾额，其中有的对联所赠对象是超过九十岁的高龄老人。

郑氏宗祠第二进的部分匾额

除了以上这些，还有一块大清顺治十五年宁德县知事李即龙所立的"孝迈黔娄"匾，说的是郑氏十四氏锡繁公替父送死的孝义故事，"黔娄"相传是战国著名的孝子，匾额的意思是锡繁公的孝行可以同黔娄相比。在任何时候，浦源郑氏都将孝作为族人基因，提醒自身并践行。

郑氏宗祠第三、第四进的部分匾额

据《浦源镇志》记载，民国时期，浦源境内村民贫困，医疗、卫生条件差，人口再生产呈现高出生率、高死亡率、低自然增长率，这一时期人们主要关注人口数量和人口寿命。另外，民国时期，境内居民家庭结构多为大型家庭，据记载，民国三十一年（1942年），平均每户6.83人。民国时期浦源郑氏比较崇尚几世同堂的大家族和高寿的老人，因此常为高寿老人举办寿宴，浦源郑氏宗祠中有郑谟光先生六秩寿庆时萨镇冰为之题赠的"杖乡硕彦"匾和何公敢题的"康强逢吉"匾，郑谟光先生一生乐善公益，望重梓里，任周墩自治议员时，他为周墩建县奔走呼吁，民国五年与叶庆祺等连署24人具请愿书，请求省政府改区设县。他倡导炼山植树造林，还创立周墩商会，亲自担任会长，办山区商业，更捐资创办学校等，也因此深受爱戴。

祠中还有为七十岁寿辰而送的"杖国延禧"匾，有在老人八十岁寿庆赠送的"一堂五代"匾，有为郑老先生古稀大庆赠上的"仁人多寿"匾，为八旬老人献上的"耄龄椿祜"匾等。这一时期的主题便是祝愿老人长寿，以人丁兴旺、儿孙满堂为幸福，还有一些不变的主题，比如孝顺、弘扬家风等等，正厅高挂的"咸林望族"金匾就是宁德县知县黄式苏于中华民国十一年（1922年）

九月题的。

然而,一直以来,浦源地区教育水平比较落后,据《浦源镇志》载,明清时期,境内只有私塾。从实行科举,到1905年清朝废除科举考试,历时900多年,境内只有秀才133人,武举1人。民国初,除了私塾,还断断续续办过三所国民学校,1911—1949年,中学生不足30人,1949年,境内青壮年中文盲、半文盲率达80%以上,仅有一名大学毕业生。1950年后,学校和在校人数逐年增多,教育事业才发展起来。因此祠内清宣统年间兵部尚书闽浙总督松寿写的原字大小刻成的"文魁"匾等并不是浦源郑氏考取了举人所赠,但这类匾具有很大的艺术价值。

1949年后,祠中并未留下太多牌匾对联资料,仅在1988年为郑府林老孺人八十大寿献上了"淑德高年"匾,以及1991年为宁德名老中医郑许藩先生献上"杏林望重"匾,说明郑氏对德高望重、品行端正之人的尊崇,对德行的崇尚。根据《浦源镇志》,1949年后,浦源人民在县委、县政府的领导下,自力更生、艰苦奋斗,社会主义革命和建设取得令人瞩目的成就,但也受到"大跃进"和"文化大革命"的影响,艰难前进,这大概是家风文化在这段时间经历空白时期的缘由。浦源郑祠曾于1991年进行了一次大规模整修,这也是郑祠"文革"遭到破坏后进行的一次大规模整修,之后也不断进行修缮、保护。

因此,20世纪90年代后,浦源郑氏宗祠又一次掀起牌匾、对联文化的高潮。郑氏后代以继承先辈优良风气、重振家风为主,一方面是传承,如"枝繁叶茂""源远流长""万脉同源""家承祖泽""祖德弥高"等,展现了郑氏家族千百年来源源不断的血脉精神的继承,另一方面则是发扬,如"荣宗耀祖""誉满东洋""明德惟馨""耀祖生辉""硕德耆年"等赞扬了浦源郑氏对祖先美好品德的传承和发扬,"星辉宝婺"等则表达了对浦源郑氏的美好祝愿。

进入新世纪后,2013年(癸巳),浦源郑氏宗祠进行了扩建,落成后,各界于四月落成庆典上也纷纷送上匾额以示庆贺,宗祠现在的第四进和第五进大部分陈列的就是宗祠2013年扩建后社会各界赠送的牌匾30余块。

它们主要来自不同地区的同姓宗祠,如福安市甘棠镇国泽村郑氏宗祠、福安市下白石碧洲郑氏宗祠、福安街尾郑氏宗祠、福安温洋郑氏宗祠、福安市康厝象地郑氏宗祠、福安坂中郑氏宗祠、福安市甘棠前街郑祠、福安市甘棠里街郑祠、福安市外塘下郑祠等十余个不同地区的郑氏宗祠。还有的来自不同个人、组织和自发组成的团体，如首章村郑氏同宗、宁德霍童郑厝村理事会、福鼎市点头郑氏理事会、宁德霍童郑氏理事会、屏南康里郑祠理事会、进登村郑氏宗亲、江源村郑氏宗亲、宁德八都下汐郑氏宗亲、支分咸村镇郑厝里宗亲、宁德八都云淡门郑氏宗亲、福安外洋郑氏宗族、长乐郑氏联谊会等二十余个个人或团体组织。

这些宗祠、组织和个人赠上的匾额，内容十分丰富。有的歌颂了郑氏祖先和家族的优良传统和醇厚家风，如"祖德流芳""源远流长""祖泽绵长""根深叶茂"等。有的则是各地郑氏表达对浦源郑氏同血脉的情感，如"枝叶同根""同气连枝""祖脉相连""派衍同根"等。有的则深深赞扬了浦源郑氏扩建之行，如"光前裕后"，即认为此行为为祖先增光、为后代造福，"德门衍庆"，即认为该行为为郑氏绵延吉庆，使之获得吉祥，"克绳祖武"，即能够继承祖先的功业，还有赞赏其"弘扬祖德""荣宗耀祖""远行大德""丕振宗风"等。

综上可以看出，经过几十年的发展，进入20世纪90年代，直到如今新世纪以来，浦源郑氏以及不同地区的郑氏子孙，逐渐趋向于回归家族，弘扬祖风。特别是改革开放后，在党委、县政府领导下，镇里、村里的农业、工业、手工业和旅游业高科技化、特色化，带动经济发展，外出走南闯北的浦源人也给家乡带回资金、信息、经营和技术，人民生活水平不断提高，这也更加聚拢了人心，意识到郑氏家族团结的重要性，只有团结起来，才能真正实现共同富裕。在家风的指引下，浦源郑氏一代一代树立的集体的认同感，在建设时期以及新时期得到了更好的体现。

另外，新中国成立以后，浦源郑氏家族的风气主要是弘扬优良传统、强调族内团结，特别是实行计划生育政策以后，不再像原来观念那样强调早婚早育，多子多福，这从祠中的楹联和牌匾也可以看出。

三、从类型上看浦源郑氏家风家规

宗祠内的文化长廊展有郑氏家训十六条:

> 父母当爱,长上当敬,祠墓当展,名分当正,宗族当睦,谱牒当重,闺门当肃,蒙养当豫,妯娌当厚,职业当勤,国课当功,争讼当止,节俭当从,守望当严,邪巫当禁,礼教当循。

家训下面便是郑氏治家"十要十不要":

> 要勤俭节约,要敬老扶幼,要亲爱和睦,要公平正直,要谦虚谨慎,要遵守法纪,要勤奋学习,要整洁卫生,要防火防盗,要扶危恤难;不要畏难苟安,不要赌博迷信,不要贪吃烟酒,不要铺张浪费,不要粗暴打架,不要违法乱纪,不要忘恩负义,不要趋炎附势,不要畏强凌弱,不要滥交损友。

这十六条家训和"十要十不要"共同构成了郑氏家族的内在基因,指导着郑氏族人的行为,形成其传承百年的家规家风。

浦源郑氏宗祠内的匾额楹联体现出来的家风家规,归结起来大体可以分为几大类:

第一类便是与孝有关的。祠中第二进的"孝迈黔娄"匾和第四进的"孝德动天"匾说的就是替父送死的郑锡繁公。锡繁公的故事一直在浦源郑氏间口口相传。浦源郑氏先祖把孝道作为族人基因,作为最朴素的价值观念,最根本的道德准则,最基本的行为规范和祖训家教的重要内容,潜移默化地影响了一代又一代郑氏后裔的思想方式和行为习惯。郑氏立志将中华传统文化中传承千百年的孝道不断发扬光大,并通过"修身、齐家、治国、平天下"作用于社会、国家和民族,使孝道得以升华。以十五世系大雅公为代表的孝子典范,凸显了浦源郑氏对孝道的践行。为了传承大雅公"毁体疗亲、舍身救父"的感人孝行,民国九年(1920年),浦源村郑锡繁奉褒扬孝子坊,大总统冯国璋为之题褒"孝阙流芳"。

第二类匾额是宣扬家庭和睦相处的。如"一堂五代""堂联五代"等，赞扬了大家族的和谐，家训十六条中的"宗族当睦"和郑氏治家"十要十不要"中的"要亲爱和睦"也体现了这一要求。第三类牌匾是歌颂郑氏家族的，这类匾额在祠堂中占有很大的一部分，如"源远流长""荥阳望族""国戚名裔""祖泽绵长""枝繁叶茂""祖德弥高"等，宣扬了郑氏宗祖的崇高地位，歌颂了悠久历史和传承下来的优良传统。

第三类匾额是为歌颂节妇而赠。如"晚节弥芳""淑德高年""柏节松龄""古稀贞寿"等均是对妇女高尚节操的称赞，这类匾额在明清时期尤为盛行。

第四类匾额是赞扬人们德行的。如"攸好惟德""明德惟馨""杖朝硕德""祖德流芳"等。还有"杏林望重"是赠予当时宁德有名的老中医郑许籓先生的，也是对其医德的赞扬。可以看出在郑氏家风里，不论是郑氏先祖还是如今的后世子孙，德行一直都是他们所崇尚的，形成了一种家族风气。

郑氏宗祠第五进的部分匾额

还有一类比较多的匾额就是为老人祝寿所赠的，如"仁人多寿""硕德高风""庚婺齐明""硕德耆年""婺宿腾辉""杖朝硕德"等，一是为了赞美其品质，二是为了祝福长寿，高寿老人在这片地域的地位是非常崇高的，这类匾额在明清时期出现的最多。

  浦源郑氏百年来形成的家族风尚、气质以及行为规范，是其道德风貌的最好体现。他们秉承着祖先勤劳朴实的优良传统，尊崇孝道，重视家庭，崇尚先祖，进入新时期后也更好地进行了传统文化遗产的保护，并发展成文化产业，为村里带来经济收益。

宗教

浦源村的信仰生活

刘安妮

浦源村历史悠久，南宋嘉定年间，郑氏一支躲避战乱，迁徙傍溪建村，逐溪而居，长期作为郑姓单姓村存在。由于郑氏家族带有浓厚的畲族色彩，为了更好地被中原王朝接纳，融入中原文化，郑氏族人引进闽东地区的民间信仰。

浦源村宗教信仰主要有以林公、陈圣母为代表的闽东地区的民间信仰，以文昌帝君为代表的道教信仰以及以观世音菩萨为代表的佛教信仰。据碑文记载，村里的宗族在晚清组织营建了文昌阁、林公宫、陈圣母庙等宗教场所。自明初郑氏八世祖晋十公苦肉计护鱼开始的浦源古村鱼葬礼俗也一直延续至今。

浦源村林公宫

浦源村历史悠久，南宋嘉定年间，郑氏一支躲避战乱，迁徙傍溪建村，逐溪而居，长期作为郑姓单姓村存在。由于郑氏家族带有浓厚的畲族色彩，为了更好地被中原王朝接纳，融入中原文化，郑氏族人引进闽东地区的民间信仰。浦源村宗教信仰主要有以林公、陈圣母为代表的闽东地区的民间信仰，以文昌帝君为代表的道教信仰以及以观世音菩萨为代表的佛教信仰。据碑文记载，村里的宗族在晚清组织营建了文昌阁、林公宫、陈圣母庙等宗教场所。自明初郑氏八世祖晋十公苦肉计护鱼开始的浦源古村鱼葬礼俗也一直延续至今。

一、浦源村宗教信仰概况

（一）林公信仰

林公宫，又称林公忠平王庙，是祭祀宋代林亘的场所。相传，生活在杉洋村的林亘除掉害人猛虎，还治病救人，遂赢得百姓拥戴。后来流传出林公斩妖除魔的神话故事，其本人亦化身为当地畲汉民族的保护神，受到闽东地区人民的信仰。时至明代，明宪宗敕封亘公为"杉洋感应林公忠平候王"，林公信仰得到官方承认，从地方神明上升为受封侯王。

根据传说，林公羽化成神于一场和妖魔白马王的恶斗之后。相传林公与白马王斗法，苦战一天不分胜负，决定第二天再战。当夜，林公托梦给村民：明晨村外天空有红白两只乌鸦相斗，令观者齐呐喊"红赢白输"，以威其阵。村民梦醒聚集，相议异床同梦，个个称奇。第二天晨司一过，果然天昏地暗，两只乌鸦空中红来白往，相斗惨烈。

几乎同时，屏南程氏担锣，本境坎下村周氏担咳（音，陶器）路过此地，程周捶锣打咳，村民齐呼"红赢白输"，连路边杨树柳树也齐声呐喊助威，白乌鸦终于一败涂地。胜利后，林公便得道成神了。经常显灵保佑黎民百姓，因此深得百姓敬仰，香火不断。明成化七年（1471年），当朝刑部尚书林聪（七都人氏）赴杉洋精考其史，是年表奏朝廷。翌年二月，明宪宗敕封林公为"杉洋感应林公忠平王"。

位于浦源村的林公宫始建于嘉庆十七年（1812年），晚于发源地杉洋村（明正德年间），但早于临近的萌源村（清同治年间）和端源村（清光绪年间）。庙位于郑氏宗祠的北侧，由山门、天井和开间三部分组成，门槛两侧取材于《三国演义》的壁画接连展开，古朴极致，戏台藻井装饰双凤戏珠图案，大殿抬梁、穿斗式木构架，单檐歇山顶，内壁有《西游记》壁画。

林公宫大殿宽三间，进深三间，上座祭祀齐天大圣，中座主奉林公忠平侯王。下座供奉疑为道教神明马大元帅，即灵官马元帅，传说有在三界捉妖除害的能力。该宫于道光十五年（1835年）重修，根据现存物件，此后庙内装饰、匾额续有增添。

林公宫的《西游记》壁画

重修前有一块嘉庆戊寅年（1818年）"神恩浩荡"的匾额。大殿内壁现存的《西游记》和《封神演义》壁画，即道光二十年由郑氏子弟酬谢神明所献。另有道光二十六年林公忠平王炉一件，四足通体呈金色，放在香案上。置于天井的三脚铁鼎和前院的石柱均属清代同治时期，都由郑氏子弟捐献。位于戏台两侧墙壁上的《三国演义》壁画是1990年由县美术工作者所绘制。

由此看来，大殿的形制与杉洋村的林公祖殿几乎一致，同是以壁画装饰墙壁。只是浦源村的规模较小，相比于杉洋村一殿二楼三阁的格局，仅一门楼一殿。除了庙本身主体建筑，最初还建有庙前的鱼池、水上廊桥。这些元素构成了现在所见的荷花池和通往郑氏宗祠的廊桥。新中国成立以来，该宫在90年代被列入县级重点文物保护单位，并曾进行修缮。从庙内张贴的布告来看，2015年村中亦集资对林公宫进行过重修。

林公宫道光年间的香炉

经过走访，我们得知林公宫仍有抬神巡境的传统。巡境路线自林公宫出发，经过老街上的镇政府，途经潘山底、南山（万福庵），沿地方公路官山路，穿过派出所，再从老街部分返回鱼冢，最后到达林公宫完成巡境。大体来说，游神路线会经过浦源村的大部分辖区，环绕一周而返，但似乎没有固定路线。

林公出巡在正月期间。当天下午进行巡游准备，傍晚时分开始出巡。以前村中的男性青壮年会志愿参加活动，负责扛旗，旗帜多达200面。参与的人可以领到10～20元的小红包。当晚结束仪式后还会在林公宫中摆酒席宴请郑氏子弟。另外，据《浦源镇志》记载，林公巡境时还会举行灯会，族人举着板灯在夜晚舞动欢歌。①

最初，修建林公宫的资金是通过家族内部共同筹集。多者书四公三房孙等捐钱三十六千文，最少的千寿公也有八百文。一方面，从出资人和资金数

---

① 周宁县浦源镇志编纂委员会编：《浦源镇志》，福建美术出版社2015年版，第409页。

量来看，书四公和赠八公两房子孙比较富裕，同样捐出三万六千文。其次，出资较多的房并不一定排在名单前列。比如捐钱一千文的总六公就排在捐钱七千文的紫寿公之前。另一方面，从建造内容看，修建林公宫的目的除了祭祀神明，还有满足家族内文人雅士游乐赏玩的需要。鱼池、水廊桥这类设施不是一般贫民所能企及的，只有族内有文化、有权势的人才能享受。

总而言之，浦源村的郑氏家族选择了闽东地区普遍流传的林公信仰。很可能在明代林公被封为侯王之后，这种信仰就已经在村中传播，成为普通民众的保护神。然后，在郑氏家族势力较大，时机成熟后，宗族决定修建专门的庙宇来供奉林公。而推动林公信仰的力量，也就从民众自发，转向了宗族组织。

尽管没有直接的史料说明，但根据大殿中悬挂的自清代至民国到现代的匾额，一是说明了村中的董事会、神乐会等组织一直在参与或主导林公宫的事务，二是说明了林公信仰的信众以本村郑姓族人为主。从最近一次修缮可以看出，主导林公宫事务的还是祠董会，不过出资方发生了变化。资金的大头首先来自村委会的拨款，其次是政府旅游部门的维修基金，再次才是民间自行筹集的资金。可见，宗族组织虽然仍在发挥作用，但经济上主要依靠政府扶持。郑姓族人在决定具体事务中的话语权将比以前要小得多。

（二）陈圣母信仰

在林公宫东面，荷花池的另一边，是通天圣母庙，又称陈圣母庙。陈圣母庙依山傍水，与林公宫建筑结构相似，分为山门、天井和开间三部分，院内有古戏台、正殿、偏厅，以及精雕细刻的廊柱斗拱、雕梁画栋形成大小藻井。正殿中央"母德配天"的鎏金匾额古朴沧桑，正厅中间供奉着相传以陈靖姑真身塑造的神像，泥金彩塑，神采奕奕。

陈圣母，姓陈，名靖姑，或名进姑，又称通天圣母、陈圣母、临水夫人。史料记载陈靖姑是唐代人。一说宁德古田人，一说福州下渡人。传说她与林纱娘、李三娘义结金兰，并一起赴闾山学法，师承许旌阳真人。三姊妹得道之

浦源村陈圣母庙。现存的庙宇是2005年选址重建的,清代建筑已于1963年拆除并在原址上建镇政府办公楼

后,合称三奶夫人。传说陈圣母自幼聪颖,结婚怀孕不久后,她所在的地方遭受到很严重的旱灾,人们十分焦虑。为了解救百姓的苦难,她挺着数月身孕作法祈雨,虽天降甘霖解除灾害,但陈靖姑却动了胎气失血而死,她立誓死后要做助产神,以救助难产妇女,因此备受民间爱戴。她为民除害、慷慨捐躯之地在古田(临水洞),后来人们在她殉难之处建立陈圣母庙(即龙源庙,顺懿宫),是海内外公认的纪念这位妇女儿童保护神的"祖殿""母宫"。

圣母作为道教护法神,一说正月十五是其神诞日,其本领有调电驱雷、呼风祷雨、缩地腾空、移山倒海、退病除瘟、斩妖拿鬼、炼骨成人、夺魂还体等。陈圣母因难产而死,死后又学会扶胎救产,成为妇女儿童的保护神。因此,陈圣母的形象也有两面,一面是英武,另一面是慈爱。一面是青春美丽的女战神形象,体现道教闾山派护法神的形象,神像头戴法冠,一手执龙角,一手执剑,身缚彩裙,甚是英武威风;另一面是年轻的慈母形象,身边还有一个小男孩,陈圣母一手执扇,另一手抚摸男孩的头,显得非常端庄文静而慈祥。浦源村陈圣母庙中摆放的正是靖姑英武的一面,寓意护佑一方平安。但对于一般百姓而言,他们更推崇信服陈圣母的"扶胎救产、保赤佑童"职能。

体态魁梧的文臣武将分列两旁,另有四尊类似金刚的守护神两两相对,神态威武。神龛周围的玻璃橱窗内,陈列几十座母子和乐的塑像,形态各异,生动有趣,整个正殿气象仿若皇宫,寓在于谐,沐浴在陈圣母神像慈祥的目光中。

陈圣母庙与林公宫是浦源村信仰生活的两大亮点。林公积善好施,克邪治病;陈圣母降妖伏魔,扶危济难,保护妇幼上颇有奇效,又被称为"救产护胎佑民女神"。浦源村及周围村落的村民格外崇奉他们,每当村民们有什么愿望或是遇到困难,他们相信圣母侯王会向他们施以援手,帮助他们渡过难关,当期盼姻缘、求子、祈求母子平安时,前来陈圣母庙祭拜"通天圣母"更是灵验,此外,村中还有小孩认圣母为母亲以祈求孩子健康平安的习俗。

据碑文记载,浦源村首建陈圣母庙,是源于族内信众感念神明,报答神恩。嘉庆二十年(1815年),十五位郑氏子弟约定各捐出一石谷,作为本钱,放贷收息。得来的利息又购买了十八秤的田产，十八秤应该是用产出谷物的重量作为单位计算田产数目。田地放出租，每年收获的谷物，经过四十七年的积累，众人决定在同治元年修建一座新的圣母神楼来储存。以上是碑刻中的主要内容，此外碑文还记录了十八秤共十块田地的具体名字和位置。由于不清楚一秤代表的数量，所以不清楚田地的数目。但从前文十五人各捐一石谷物来看，若一石谷物代表十亩田，则宗族子弟合共捐出一百五十亩田地。这说明当时郑氏家族经济实力较强，而且相当重视对陈靖姑信仰的崇拜。与林公宫采用各房捐钱的方式不同，参与修建陈圣母庙的每个子弟都以个人名义，将姓名列于末尾。其中还有两人非郑姓，疑为郑氏女性丈夫。

另据《浦源镇志》，陈圣母庙"建于道光年间，1963年拆除，原址建镇政府办公楼"。结合上文嘉庆集资且同治元年建新楼的记载，该庙可能在道光年间就已经建成，只是当初的规模不大。而后出租田地获得的租谷越积越多，于是修建新楼。

目前所见的陈圣母庙，是2005年重新选址再建的。首建和再建都是为了供奉神明，祈求保佑，目的比较明确。1949年以前，在农历正月十五至二十一日，举行"迎神灯会"3～6个晚上，较普遍的有迎请奶娘（陈氏圣母）等到全村巡游。届时，男女老少持宫灯、板灯、鲤鱼灯、古钱灯、莲花灯、花瓶灯、八角灯、走马灯等，敲锣打鼓、鸣放鞭炮、神铳，簇拥着神像绕村一周，各家各户持香、炮在门口虔诚礼拜。庙内仍可见到较多信众所赠匾额，且最近还在进行修缮。

（三）文昌帝君信仰

文昌阁位于郑氏宗祠以北300米处，与福德宫比邻。文昌阁主体为五层框架结构，建筑层数四明一暗，古朴高雅的阁宇为明清时期徽派建筑风格，阁上飞檐翘角，灵巧欲飞，石雕漏窗，精湛秀美。内部陈设装饰：一楼供奉魁星，二楼三楼主要以壁画装饰，分别描绘了浦源八景的风光和民间熟悉的道教八仙，四楼供奉文昌帝君。文昌阁是发扬当地文化、护佑人文昌盛的重要道教文化宗教场所。

一楼供奉的魁星面目狰狞，金身青面，赤发环眼，头上还有两只角，整体仿佛是鬼的造型。魁星右手握一管大毛笔，称朱笔，意为用笔点定中式人的姓名，左手持一只墨斗，右脚金鸡独立，脚下踩着海中的一条大鳌鱼（一种大龟）的头部，意为"独占鳌头"，左脚摆出扬起后踢的样子以求在造形上呼应"魁"字右下的一笔大弯勾，脚上是北斗七星，见像如见字。

魁星是道教中主宰文运的神，魁星信仰盛于宋代，从此经久不衰。闽东一带读书人崇敬魁星，仅次于孔子。农历七月初七日为魁星诞，七夕更有拜魁星之俗。拜魁星仪式亦在月光下举行，和拜织女相类似。所以，闽东一带居民，若是一家人丁旺盛，屋子宽敞，七夕时，天井里往往摆上拜织女、拜魁星两张香案。家人聚会一堂，又按性别分为两两面对的小天地，非常热闹有趣。

浦源村文昌阁供奉的魁星

文昌阁供奉的文昌帝君

文昌帝君又称梓潼帝君，为民间和道教尊奉的掌管士人功名禄位之神，是中国古代学问、文章、登科举士的庇佑神。《历代神仙通鉴》说他"上主三十三天仙籍，中主人间寿夭福祸，下主十八地狱轮回"。

文昌阁祭祀掌管文运功名之神——文昌君和魁星，保一方文风昌盛，不仅古代文人雅士信奉，科考前要去庙上参拜，以求帝君能够助其考学，取得成绩，到了现代，每逢中考高考等大型考试，浦源村及附近村村民也会到文昌阁祭拜，以求考取好成绩。

宗教 | 浦源村的信仰生活

浦源村文昌阁（周宁县宣传部 供图）

据碑文记载，浦源村的文昌阁始建于清光绪三年（1877年），现存建筑为1999年仿古建造。光绪时期修建时，浦源村文昌阁的形制属于八角塔，高七层，阁内供奉文昌帝君，并饰以浦源八景。为主持修建工作，郑氏宗族组建了董事会，由生员郑儒徽等人任董事。

据《浦源镇志》，郑儒徽本人是宗族里的文化人，他少从名师叶寅清学儒，清咸丰元年郡试庠生。家庭虽不富裕，但乐善好施，遇到贫苦的人，总会予以资助。他还热心公益事业，村里桥坏了需要维修，也乐于捐建。在郑儒徽主持下，村里建了长谷义社和文昌阁。从这些行为来看，他严格奉行了儒家兼济天下的原则。长谷义社应该是配合赈灾，储存和发放备用谷物的组织。而文昌阁则是鼓励村里读书人发奋读书并祈求科举成功的地方。加上时至光绪年间，郑儒徽年事已高，资格较老，因此位列董事之列。

此次建阁共筹集会银三百七十两，碑刻先将社首人名和捐款总额列于前，具体每位捐款人姓名按捐款多少顺序排列于后：

排在首位的是耆宾爱山公，捐银十八两。爱山，本是明嘉靖浦源村人郑苍茂的号。此人家境富裕，又奉节俭，喜好公益，扶危济困。万历年间捐出南山坟场的土地，并捐助千金建万福庵一座。光绪碑文所载的爱山公，应该是郑苍茂这一房的后人以先人之名进行捐助。

随后是郑儒徽捐银十八两，数额不小。

卫千总郑建德捐银十六两。卫千总是清朝从六品武职外官，负责管理漕粮押运，在村里应属有官职且职位较高的人物。

其后再度出现了书四公的名字，该名字在首建林公宫的碑文中曾经出现。林公宫的碑刻属嘉庆年间，文昌阁碑刻属光绪，两者相差几十年，因此书四公应该是指代某一房，而不是具体某个人的名字。从捐银数额来看，这一房屡屡在公益事业中拨得头筹，一是说明家境不错，二是房内子弟热心公益。

此外，捐款人的身份还有信士、监生、庠生若干，而引人注意的是，名单中有职员的身份。职员应该是晚清开办公司后的产物，属于新兴的职业。有别于传统的生员，他们靠公司工资维生，晋升途径不是考试而是业绩。虽然总体人数不多,但值得注意。

文昌阁除了供读书人求神保佑,还有文化职能。清代浦源文昌阁收藏了一些儒家书籍及地方文献,后来图书大量散佚。"文化大革命"初期,藏书全部被烧毁。现在不时还有村民在子女考试前赴文昌阁祭拜,祈愿考得好成绩。

(四)福德正神信仰

文昌阁旁有一座一进一开间的福德宫,规模很小,内祀福德正神,即土地神,俗称福德老爷、土地爷、社神、土帝君等。中间一尊土地公,后面石块上书"左招财,右进宝"。《太平御览》引《礼记外传》称土地神"国以民为本,民以食为天,故建国君民,先命立社,地广谷多,不可遍祭,故于国城之内,立坛祀之",主管人寿命长短、富贵贫贱、职禄衣食,察人间善恶、持斋念经修设功果、孝顺父母敬重三宝。住在山中就是山神土地,在园林是园林土地,在人间是住宅土地,在寺观是护庙土地,在庙宇是里域真宰,在法行是功曹土地,在州县是城隍土地。

福德正神每月初二、十六下降察人间善恶,审察人间斋醮烧香祷祝修诸功德。甲子日,温郑二使者随门抄写,司命帝君及门丞户尉察人间善恶。庚申日,上奏天曹定其簿书。浦源村的这座福德宫属于乡间小庙,村民日常祭拜用。

浦源村福德宫供奉的土地神位

浦源村兴隆寺

浦源村观音桥供奉的神像（从左依次为福德正神、观音、孙悟空）

（五）佛教信仰

浦源村佛教场所众多，兴隆庵和观音阁建筑辉煌气派，由于年代较近，建筑陈设较新，色彩鲜艳。各佛教场所皆供奉观世音菩萨。观音菩萨尊号"大慈大悲救苦救难观世音菩萨"，是我国佛教信徒特别崇奉的菩萨，拥有的信徒最多，影响最大。观世音菩萨是佛教中慈悲和智慧的象征，具有无量的智慧和神通，具有平等无私的广大悲愿，普救人间疾苦，常于十方世界救苦救难，在民间信仰中占有十分重要的地位。

兴隆庵（兴隆寺）：浦源村中规模较大，较华丽的是兴隆庵，俗称八字庵，又称下路庵。八字庵的由来与一名道士有关。传说这名道士来到浦源村，被村里盖新房的人请去看风水，定房屋朝向。道士随手一指便定下方向，而每个请他定朝向的人得到的方位都不同。村民不解遂问道士，原来浦源村是块八卦宝地，每个方向都是好朝向。得知此事后，有个得道僧人决定在此地建八个寺院，为郑家祈福保平安。郑氏家族听闻，决定出钱支持修建兴隆庵，为八寺之首。据寺内碑刻记载，原庵于元朝中叶由乡绅郑總六等八人为首始建。至清代光绪二十五年，经名士郑方三、郑臻五派孙予以重建。郑方三、郑臻五两人的名字同样出现在重建文昌阁的碑文中，可见两人都是族内有钱、有影响力的领袖。现在看到的兴隆庵主要是20世纪年代末重建的。从芳名碑上得知，出钱重建的不仅有郑氏族人，还有周围端源村、萌源村的村民。因此，该庙一家一姓的家族色彩不如其他古建筑浓厚。反之可以体现佛教的本身的包容性。

万寿庵：在兴隆庵背面坡上，孝子坊的斜对面，有一块不知名的碑。大意是讲该庙上座于嘉庆壬戌年（1802年）创建，因为规制狭小，与前座不搭配，所以集资重修大殿使庙宇配对成局。考虑到浦源村有文字记载的庙共有三座，分别是兴隆庵、万福庵、万寿庵，对应建造时间是元代中叶、明代万历和未知时间。此外，兴隆庵在当地又名下路庵，应该位于山坡之下。万寿庵又名上路庵，应当位于山坡之上，因此这篇碑文很可能指的是万寿庵。重修庙宇发生在道光十六年，不计铜钱共捐银七十两，主要以生员为主。其中可见爱山公一房再次参与捐建，提供了建筑所需的木材和石材。郑氏子弟经过公议，捐出了上祖五代的田产作为资金，加上各房各户捐银，使得此次重建得以进行。

观音桥：连接荷花池与郑氏宗祠有一条木廊桥，桥上供奉三位神明。上座是福德正神，主座是观世音菩萨，下座是齐天大圣孙悟空。县志中将其称为观音桥，系木拱廊屋桥，桥屋及门亭为双檐歇山顶抬梁式结构。疑为嘉庆时修建林公宫所建的廊桥。该庙没有更多的文字资料，但体现出民间信仰的特性，道教、神话传说和佛教的神明共处一庙。中间的观音有保佑生子的功能，因此时常有浦源村民乃至邻近村子居民来祭拜。

观音阁：佛教在浦源村另有一处观音平浪阁，亦为仿古建筑。2003年始建，2008年落成。其结构为三层八角塔，其中的玉石观音颇为辉煌。浦源村村民大多信奉佛教，所以兴隆庵、观音阁等佛教场所香火也更加为旺盛，浦源村及周边村民会定期前往庙中祭拜。贡品简简单单，一份果盘，几炷香，只要至诚称念观世音菩萨，便可求得菩萨护佑。佛教中"送子观音"为众人熟知，因此浦源村中怀孕妇女求子，除了祭拜闽东地区保护神陈圣母，也会前往观音阁、观音桥求菩萨赐子。

（六）祭拜仪式

村中祭拜神明的时间，依照传统而定，即神诞日到各庙祭祀，春节期间村中更加热闹。村中的祠董会决定林公忠平侯王和通天圣母的祭拜时间，按习俗每年会举行游神仪式。近年来游神会偶尔中断，由此可见，闽东地区传统的宗教信仰在村民心中地位渐渐淡化，对传统的风俗信仰传承有所忽视。

我们采访了村中郑氏宗祠的主任郑孝禄老先生，据称村中的巡境路线并不固定，基本绕村一圈，大致经过老街（镇政府）、潘山底、南山、大公路（关山路）、鱼冢等地，沿溪游神，重要场所都会经过。就忠平侯林公出巡而言，下午开始准备巡境仪式，傍晚出巡，有青年志愿者扛旗（以前有200余人，现在人数大大减少），每人一个小红包，每个红包10~20元。

宗教｜浦源村的信仰生活

浦源村观音阁（周宁县宣传部 供图）

祭鲤鱼文
（周宁县宣传部 供图）

浦源村鱼冢祭鱼仪式（肖林盛 摄 周宁县宣传部 供图）

巡境仪式与浦源村的祭鱼仪式有许多相似之处。死去的鱼儿会盖上红布，在村中德高望重的老人呵护下，巡境一圈，举行隆重的葬礼。南宋嘉定年间，郑氏一支躲避战乱，迁徙傍溪建村，逐溪而居，在溪中放养了五颜六色的鲤鱼。一方面为了净化水源，另一方面防备外人投毒。鱼葬礼俗自明初郑氏八世祖晋十公苦肉计护鱼开始，一直延续至今，鲤鱼与郑氏宗族的历史渊源也因此深入民心。

村民们订立村规民约护鱼，建鱼冢尊鱼，举行鱼祭敬鱼。传说郑氏祖先有着超乎常人的灵感智慧和神灵意识，他们把图腾观念与人类对神灵的崇拜巧妙地联系起来，将溪中鲤鱼羽化为神鱼，借神灵之力教化人们爱护"神鱼"，尊崇"神鱼"，任何人捕杀都会受到神的惩罚；当鲤鱼自然原因死亡，村人认为鲤鱼升天了，由村里德高望重的老人组织仪仗队将其护送到鱼冢安葬，举行鱼祭。点香、燃炬、焚钱、放鞭炮，还要举行拜读祭文等一系列隆重祭奠仪式。此外，浦源村民们还有"武术护鱼""放生爱鱼""闭关护鱼"等护鱼十三略。

浦源村民表演的护鱼武术（林立炎 摄 周宁县宣传部 供图）

（七）发展脉络

浦源村的宗教信仰在历史上以闽南、闽东地区的民间信仰为主，而后随着宗族组织日渐衰落，更加广为流传、包容性更强的佛教便乘势崛起，成为重要信仰之一。由于资料有限,目前只看到清代碑刻。

浦源村的宗教信仰建设,主要集中在清嘉庆之后。在此之前,信仰已经存在,只是缺乏有效的组织。假如没有人倡议集资,祭祀活动就难以壮大,信仰崇拜的场所就不能形成规模。清中叶之后,郑氏家族经过长期的财富积累,逐渐有了发展宗教信仰的经济实力,于是相关的庙宇、宫殿才在这个时期兴建繁荣。通过对碑文的解读,可以看出郑氏家族在资金筹措、人员响应这些方面都占主导地位。林公宫、陈圣母宫、文昌阁的修建都凭借郑氏子弟的主持和捐款得以实施。

新中国成立后,政府接管了大多数宗族组织的职能。加上近年来农村青壮年常年在外,家族势力日渐式微。2000年以来佛教寺院的兴建,虽然仍由郑氏主持,但是钱款来源已经不再单靠家族内部筹集。许多周围的异姓村都捐款支持寺院修建,这其中既有佛教本身的影响力的作用,也体现了家族力量有些力不从心。

二、浦源村民间信仰现状

就现状而言,浦源村的宗教信仰活动可谓不温不火。由于留在村里的主要是老弱妇孺,青壮年大多在外经商或打工,宗教信仰活动比较难开展。原本由宗族组织负责管理的宗教事务,随着家族势力衰弱,便由村委会、镇政府领导管理。

不同于扩大家族影响、保佑家族前途命运的目的,政府组织更着眼于全社会,而不是一家一姓的利益。有特色的民间信仰习俗,通常会得到政府的重视和保护,并将其向外推广。浦源镇玛坑乡境内,是闽东地区颇有影响的林公信仰的发源地,林公忠平侯王祖殿就建在杉洋村内。与林公信仰相关的游神、崇拜活动成为信仰习俗的组成部分,并被列入周宁县第一批县级非物质文化遗产名录。政府力图将林公信仰打造为地方文化品牌,并与旅游、文化产业相对接。

《周宁县国民经济和社会发展第十三个五年规划纲要》中多次提到,要利用林公信仰建设民俗宗教文化休闲旅游区和宗教文化游览区。此举意在发挥地方信仰优势，吸引游客观光旅游，以带动地方旅游业的发展。另外，依托地方信仰文化优势，申报非物质文化遗产，收集整理地方资料。手里有资源之后，再借助地方推广平台，对外输出文化内容，以达到宣传目的。总体而言，目前的文化产业的水平还比较初级，主要方向还是对外宣传，形成对旅游产业的互补。以上基本上是政府组织在处理浦源村宗教信仰事务的出发点。周宁县推广全域旅游节，浦源村组织了村民表演祭鱼等一系列信仰习俗活动。对于佛教和其他非民间信仰而言，政府的态度是一贯的，即国家政权不能用于推行或禁止某种宗教。

村民自身对村内的宗教活动也不甚了解。在我们访谈的期间，几乎没有村民可以完整地向我们介绍民间信仰的完整情况。即使有个别人谈论起来，回答也显得模棱两可。只有曾经在村外闯荡过的中青年，还能凭着依稀记忆回忆起来。此外，大多数村里的老弱妇孺要么语言不通，要么的确不了解情况。

从我们实地调查的情况来看，浦源村中的宗教信仰远没有达到日常祭拜的程度。这点与笔者家乡的经验很不同。整个调查期间，我们只碰到了一对夫妇前往观音桥上的小庙进行祭拜。他们是从附近上洋村过来的，准备了简单几盘水果作为贡品，主要来请求观音送子。整个过程相当简单，据说他们还要去陈圣母庙拜拜。其他庙宇如林公宫、陈圣母庙、文昌阁，每日的香火称不上旺盛。可以说，浦源村中将民间信仰作为习惯的人寥寥无几。

从历史上看，浦源村的宗教信仰因家族势力的介入而快速发展。原先各自崇拜、各自发展的民间信仰，得到宗族的资金支持，建起了属于本信仰的崇拜场所。清末村内纷纷建起的宫殿庙宇就是其表现，逢年过节举行的崇神仪式也由族人自发组织参加，宗族的统一管理实现了民间信仰的有效运转。由于经济发展模式越来越摆脱农业社会的家族模式，许多村落的村民放松了宗族的联系，普通村民对村中的宗教信仰事务参与度不高。取而代之的，是政府的政策引导和行政管理，逐渐使民间信仰同经济发展联系起来，而不再是经济积累后的产物。民间信仰也成了一种有生产力,可以促进旅游、文化等产业的实在物。假如浦源村的民间信仰仅仅停留在官方层面的宣传导向,难免会有上下脱节的隐患。一旦林公信仰、陈圣母信仰脱离了原来的土壤,没有群众基础了,那么所谓的文化旅游只是个空壳子。因此,应当发挥民间组织的能动性,正确引导其工作方向。通过与宗族组织合作,发动并团结族内村民,继承并发扬与民间信仰相关的风俗、传统。对其中有积极意义的、能带动群众的予以保留,而对其中负面的、封建落后的予以去除。在政府指导下,宗族组织能够起到文化传承的效果,那便是理想效果。我们建议对宗教信仰的管理与恢复宗族组织的建设联系在一起,充分发挥村民自治,实现民间信仰为社会所用。

自南宋嘉定年间,傍溪建村、逐溪而居的郑氏家族,宗教信仰原本以闽南、闽东地区的民间信仰为主,随着外界经济文化的发展,尽管浦源村仍保留着单姓村的特点,但是宗族组织逐渐衰落,流传广泛、包容性更强的佛教信仰乘势崛起。同时家族势力也日渐衰弱,原本由宗族组织负责管理的宗教事务逐渐由村委会、镇政府接手,在政府的政策引导和行政管理下,民间信仰同经济发展联系起来,大力发展文化旅游,但是普通村民对村中的宗教信仰事务参与度不高,对村内的宗教活动也不甚了解。因此,我们认为,应该恢复宗教信仰与宗族组织的联系,充分发挥民间组织的能动性,继承和发扬传统民间信仰,真正完成民族文化的传承。

为了不破坏原碑,面粉在田野调查识别碑文时别有妙用

生态

自然·人居·人文

刘晟堉　肖佳琪

　　"生态",既要观察自然,又要观察民生,所以走街串巷是不可避免的。我们第一次走进那狭长的巷子,一旁泥土建筑的房屋看上去已是历经多年的风霜雨雪,路旁的篱笆倒了一半,建筑物的残渣碎屑混杂着尘土草草堆积在路边。

　　这个村庄和我们以前见过大多数福建村庄都不一样,因为独特的地理资源而能够发展旅游业,又和我们之前接触过的很多福建村庄一样,人丁稀少,村子里只剩下年迈的老人,他们都是很亲切的人,带着笑容替我们答疑解惑,但因为上了年纪多少失去了年轻人的朝气,无事时只是坐在那边目光飘远,像是在回忆过往……

浦源麻岭梯田（李洪元 摄 周宁县宣传部 供图）

生态 | 自然·人居·人文

一、浦源村的自然生态

　　初到浦源，只觉得不同于厦门的炎热，虽也艳阳高照，却只觉温暖清爽，一阵阵的山风拂面，那时实践队的同学们都说这里好凉快。当地人民介绍，因为浦源村所处的地势海拔较高，所以才能够在盛夏酷暑的时节还能有如此舒适的温度，不得不说，浦源是一个避暑的好地方啊！放眼望去是一片片黄绿色的田野，还未成熟的青黄色的水稻随着轻风向着一个方向微微倾倒，远处的小山丘上尽是翠绿的树林，村庄随着乡间主要的小径展开，真是阡陌交通、鸡犬相闻。听说浦源村名字的由来是这样的：八百年前，郑尚一家从宁德九都谷口村迁往厝坪底。一天，郑家丢失了两只鹅，一时找不着。一个月后，这两只鹅带着一群小鹅从东边的水田返回，郑尚一家欢喜异常，认为那地方定是大发的吉祥之地，于是决定迁居，开始取名"孵兜"，后经风水先生定名为"峬"，意为好山好水好居处。20世纪70年代，因"峬"字较僻，又与周宁方言"浦"音相近，遂改为"浦源"。[①]

（一）地貌

　　浦源地处鹫峰山脉东麓，属中低山丘陵地带。区域内峰峦叠嶂，丘陵起伏，山间盆谷错落，地形复杂。主要山脉为鹫峰山脉，自政和县镇前九屯岔向东延伸，由西部泗桥入境，经境内高峰牛头冈、龙冈头至圣银楼，再从圣银楼向东偏北延伸至麻岭，至龙亭溪北岸，主要山峰有扩平头和过岭仙冈。向东南延伸至尼姑坪入七步镇境。境内地势自西北向东南倾斜，中西部山谷间形成比较开阔的盆地。海拔高度565～1506米，处于800米以上的中山地带面积72.15平方公里，占土地面积的67.8%，处于565米～800米的低山丘陵地带土地面积34.25平方公里，占土地总面积32.3%，平均海拔高度1030米。[②]

　　浦源境内地层主要为中生界上侏罗系南园组火山碎屑岩和第四系全新统

---
① 周宁县浦源镇志编纂委员会编：《浦源镇志》，福建美术出版社2015年版，第440页。
② 周宁县浦源镇志编纂委员会编：《浦源镇志》，福建美术出版社2015年版，第91页。

红冲积层。前者分布面广，其岩性组合主要为浅灰——灰色流纹质晶屑凝灰熔岩，流纹质晶屑灰岩、灰粉砂岩、夏岩等，厚度大于1千米。后者分布在山间盆地和山前冲击小平地，以冲击为主，由沙质黏土、泥质沙砾、卵石或泥炭组成。

浦源境内处于我国东南沿海火山地带，岩石种类多为火山岩和侵入岩。火山岩以晚侏罗世为主，早白垩世为次。晚侏罗世火山岩以裂缝式喷发呈带状展布，以花岗斑岩为主，出露在进登一带。侵入岩为燕山早期第二次侵入的岩体，有浦源一带的二长花岗岩体和官司的岗长岩体等，以酸性岩为主，中性岩为次。[①]

（二）气候

浦源地区的气候属于中亚热带海洋性季风气候，四季分明，冬长夏短，气候温和，雨量充沛，雾重、雨日多，相对湿度大，光热水资源比较丰富。但山地气候垂直差异明显，灾害性天气频繁，年季节间的气候多变性明显，春秋寒暖正常，春温不稳，秋温陡降，夏雨冬干，夏秋之间雨热不调。春秋历期基本一致，夏冬历期随海拔高度而异，夏季历期随海拔高度下降而增长，每降低100米，历期增长10天，冬季历期随海拔高度降低而减少，每降低100米，历期减少10天。

浦源地区的春季始至3月16日至3月26日，结束于6月15日至6月25日，历期82～92天。春季气候受北方大陆冷空气和南方海洋暖气流交替影响，天气变化快，冷暖起伏大，俗称"春天十八变""春寒多雨气"，雨日气温偏低，晴天明显回升。季气候特征为雾多、阴雨天多。全季平均雨日64.5天，雾日38.6天，春末气温比冬末气温平均上升12.2摄氏度。

夏季始自6月16日至6月26日，结束于8月15日至9月15日，历期51～92天。因受热带海洋暖气团影响，气温上升快，平均气温23摄氏度，极端高温可达34.5摄氏度。降雨集中，暖温空气活跃，盛夏晴天的午后和夜半常伴有雷雨阵雨。受副热带高压边缘影响，常出现高温干旱和台风暴雨天气。

---

① 周宁县浦源镇志编纂委员会编：《浦源镇志》，福建美术出版社2015年版，第92页。

生态 | 自然 · 人居 · 人文

浦源村冬景——"踩冬"（李洪元 摄 周宁县宣传部 供图）

秋季始自8月16日至9月16日，结束于11月15日至11月30日，历期76～92天。受冷暖气流交替影响，初秋气候不调和，中秋气温逐步下降，降雨量逐步减少。月平均气温11.7摄氏度，常出现秋高气爽天气，秋末常出现初霜。

冬季始自11月16日至12月1日，结束于3月15日至3月25日，历期105～130天。受来自欧亚大陆的偏北风影响，气温骤降，雨日和雨量明显减少，隆冬天气常出现寒潮和霜冻，平均气温6.8摄氏度，极端低温为-8.9摄氏度，平均月降雨量73毫米。[①]

（三）植被

浦源地区的植被属闽中东戴云山——鹫峰山常绿槠类照叶林小区。原生植被主要有中亚热带常绿阔叶林、中亚热带常绿落叶阔叶混交林、中亚热带温性常绿阔叶林。因受人为强度干涉，原生植被保存较少，大部分为天然次生植被马尾松、黄山松、杉木、柳杉、木荷、南岭松、甜槠、大叶槠、杜英等树种构成的天然针阔叶混交林和人工林所取代，形成新的群落，或大部分乔木层被破坏，只留下灌木、五节芒、芒萁骨等荒山植被。据1980年县、社林业部门的普查资料，境内森林植被有89科196种。[②]

而境内的植被分布，因各地气候条件不同，其垂直分布较水平分布差异明显。海拔千米以上的中山上部，以壳斗科、蔷薇科、杜鹃科、松柏科、乔木科和灌木植物为主。主要植物种类有黄山松、柳杉、红花油茶、映山红、乌药、白栎、毛叶冬青、茅草、芒萁骨等。海拔800～1000米的中山山部，主要以松柏科、壳斗科、山茶科、禾本科乔木、亚灌木植物为主，主要植物种类有马尾松、杉木、柳杉、毛竹、甜槠、米槠、南岭松、三年桐、茶树、木荷、小叶赤楠、杂竹、芒萁骨、三节芒、五节芒等[③]。

---

① 周宁县浦源镇志编纂委员会编：《浦源镇志》，福建美术出版社2015年版，第92～93页。
② 周宁县浦源镇志编纂委员会编：《浦源镇志》，福建美术出版社2015年版，第102页。
③ 周宁县浦源镇志编纂委员会编：《浦源镇志》，福建美术出版社2015年版，第103页。

（四）作物

据《浦源镇志》记载："浦源村，距县城5公里，是镇人民政府驻地，辖浦源、潘山底、松旁亭、深洋、蟠龙洋等5个自然村。主村海拔905米，土地总面积6.5平方公里。小（古镇）浦（城）公路贯穿村南，是闽东通往闽北的交通要道，为全镇政治、经济、文化中心。浦源村位于东阳溪畔的高山盆地，地势平坦，土地肥沃，雨水充沛，灌溉条件好，历来以农业为主，是全县产粮区之一。"①

作为产粮区，我们也通过资料查找对浦源镇的农业生态有了一定的了解。浦源镇的主要粮食作物是水稻。抗日战争前，境内水稻亩产量126公斤。1945年，亩产降为105公斤。种植水稻品种全系单季高秆稻，有早红米、快白米、打铁早、屏南早、慢慢红、开西早和本地糯稻等。1946年，引进新品种黑谷早穗、闽北覃、少南黏和全芹22-1等。1956年，水稻面积1168公顷，总产2478吨，比1957年下降10%。1960年总产量继续下降为1882吨，比1957年减少31.6%。

而另一种作物——甘薯，俗称番薯，在历史上为当地主粮之一。种植的老品种有红薯、白薯、台湾薯和藤仔薯等。甘薯适应性广，收获量大，可与水稻轮作，提高产量，又可在茶树行间套种，粮茶两旺。甘薯扦插与水稻插秧时间穿插进行，不误农时，适合大面积种植。如今，甘薯退出主粮地位，种植甘薯主要为的是提取淀粉或当饲料，也有种些甜度高的品种上市销售，成了"奢侈品"。原来仅大米价80%的地瓜米（优质甘薯刨丝晒干），每公斤高至20多元，是大米的数倍。

浦源镇的第三种作物是大豆，大豆的种植在浦源历史悠久，大豆的适应性广，省肥省工，为农家重要副食品之一。传统品种有白毛豆、黑豆、黄豆、螺纹豆等，种植于田埂的俗称"田埂豆"。

第四种作物是马铃薯，马铃薯系传统冬种作物，种植历史悠久。因浦源

---
① 周宁县浦源镇志编纂委员会编：《浦源镇志》，福建美术出版社2015年版，第46页。

境内属中山地带，气候凉爽，所产马铃薯质味优美。20世纪80年代，马铃薯种植面积继续扩大，先后引进克星2号、克星3号良种。1985年，种植248公顷，总产2015.6吨，亩产541公斤。1995年，种植面积增至320公顷，总产2790吨，亩产580公斤。2009年，马铃薯种植面积160公顷，总产353吨，亩产量147公斤。

浦源镇还种植大麦和小麦。1953年浦源开始试种小麦，与甘薯连作，水稻改制后，小麦种植面积缩小。80年代，改良杂优品种后，停止种植小麦。而大麦作为境内主要杂粮之一，主要用于制糖，种植面积较小。1996年后，境内不再种植大、小麦，偶尔有个别农民种植大麦也仅为加工麦芽糖用。[①]

因浦源镇境内属于山地气候，种植经济作物产量低，效益差，以自产自用为主。种植面积受粮食作物改制排挤和市场影响，时增时减。

浦源地区的第一种经济作物是油菜。1952年，浦源开始少量种植油菜。1980年，油菜种植面积扩大至32.8公顷，产油菜籽31.3吨。1983年，政府鼓励农民扩种，种植面积增至112公顷，产量81.6吨。1987年后，因油菜籽收购价格起伏不定，种植面积逐年减少。20世纪90年代起不再种植。当年种植品有甘油5号、浦油3号和胜利油菜等。

第二种经济作物是花生，在浦源境内仅少量农户种植花生自产自用。1953年，种植花生面积7.5公顷，产量7吨。1959年，集体种植15.6公顷，产量8.8吨。种植花生效益低，与主粮争地，管理困难，1968年后停种。1997—2009年，每年种花生20公顷左右，总产量30吨上下。所产花生多是零售，或作为家庭待客茶点。

第三种经济作物是烟叶，烟叶种植于农地或新垦山地，历年面积1公顷左右，产量0.5吨左右，仅供自用。20世纪80年代后，基本不再种植。

第四种经济作物是黄麻，1953年，种植黄麻面积0.2公顷，产量0.23吨。1954年，种植面积0.3公顷，产量0.48吨，仅供农户自用。20世纪80年代后

---

① 周宁县浦源镇志编纂委员会编：《浦源镇志》，福建美术出版社2015年版，第159～162页。

基本不再种植。

第五种经济作物是苎麻,苎麻属多年生作物,民间种于菜地、边角地,一年收成三次。产量低,仅供自用。1953年种植面积1.2公顷,产量1.3吨。1989年,曾把发展苎麻列入多种经营项目,1990年种植面积0.66公顷,产量0.6吨。1966年后,基本不再种植。

第六种经济作物是玉米,在浦源地区,玉米原仅利用菜地的边角种若干棵,在中秋节采摘,作为节日的零食。随着人民生活水平不断提高,膳食也悄然发生变化,玉米成了时尚食品,境内农民适应市场需求,开始成片种植玉米。2009年种植40公顷,总产量107吨,亩产量178公斤,基本是生玉米上市场销售。

第七种经济作物是药材,20世纪60年代后期,萌源等村开荒种植白术,经济效益不佳,此后没有大面积种植。20世纪90年代以来,部分地区种植的中药材有厚朴、茯苓、太子参、白术、金银花、枳壳、木瓜、百合等,境内年种植面积一般在11.6公顷左右,农民自产自销,且呈下降趋势。

第八种经济作物是食用菌,1999年,浦源地区开始发展食用菌,当年种香菇74万袋,收香菇40吨。其后,逐步推广种植香菇、蘑菇、平菇,产量逐年增高。2003年达到240吨,2004—2008年保持在360~450吨。2009年,总产量366吨,其中香菇121吨,蘑菇160吨,平菇60吨,其他菌类25吨。[1]

---

[1] 周宁县浦源镇志编纂委员会编:《浦源镇志》,福建美术出版社2015年版,第162~163页。

二、浦源村的聚落形态

浦源村落外景（周宁县宣传部 供图）

浦源村距离县里不远，我们第一次自己进村的时候乘坐的是公交车，不到二十分钟就到了，这辆不大的公交车若是只承载来往的村民，是刚刚好的，加上我们这些外来者就显得有些拥挤了。

乘坐这辆车往来的多是浦源本村人，老人占绝大多数，偶尔也有抱着小孩的妇女，人口构成与我们后来在村子里见到的基本一致。

在车上时还发生了一件趣事，公交车刚刚驶到镇上时，司机在一户人家门口停下，打开窗户，大叫某人的名字，半晌一位中年妇女急匆匆地跑到车边，司机轻车熟路地拎出一袋子米粉给她，妇女道谢后，车子才重新启动。

与我们一行的同学里有几位在大城市长大，对于乡村密切的人际关系十分不适应，忍不住嘀咕着："居然还有这种操作……"

浦源村是浦源镇最大的行政村，是浦源镇镇政府驻地，面积约3.5平方公里，这其中山水占去了很大的面积。镇上人口也不多，最热闹的地方还是在鲤鱼溪风景区。鲤鱼溪比宣传照片所展示得要长一些，最开始我们到达的景区中心地带是下游，往上走一阵就能感到路途明显开阔了许多，脚下的石板路变成了水泥地，道路两边的建筑也成了新修的水泥楼房，有一些在建的房子似乎已经可以看到特色旅馆的雏形。相比起下游的破旧，中游倒是比较符合中国新农村的样子,路边玩耍的孩子,打哈欠的猫,悠闲散步的鸡鸭,操持家事的妇女,颇有点桃花源记里"土地平旷,屋舍俨然,有良田美池桑竹之属。阡陌交通,鸡犬相闻。其中往来种作,男女衣着,悉如外人。黄发垂髫,并怡然自乐"的样子。上游的官方名称是"九溪十八涧",不过当地人更多地称呼它为开发区。和下游主打人文景致不一样,开发区以自然景观为主要看点,依河而上,前半段主打小家碧玉的园林风格,后半段塑造怡然自得的山水画氛围。

开发区的尽头是一座大坝,大坝上横着一座木桥,桥上风很大,可以看到的东西有限,我们遇到的老人指着水天相接的尽头,告诉我们,溪流就是从山上流下来的。不过,尽管景色极美,相比起下游的人来人往、接踵摩肩,九溪十八涧里的游人实在是少得可怜,可能是因为主打鲤鱼溪为宣传点,所以和鲤鱼溪关系没有那么紧密的开发区就被忽略了。

下游风景区内活动的村民多为中老年妇女,几乎看不见年轻人的影子。她们零零散散地在路边摆摊,闲时唠嗑,鸡毛蒜皮的事情也能絮絮叨叨地说上一阵,看到游客打扮的人过来,就停下来招呼。这些老人家销售的东西也基本上是一样的,饮料、膨化食品、糖果,包装如出一辙的花生糖、芝麻糖等甜食。她们有很多连行动都不便,这些小商品应该是从某位负责货物批发的人手中拿来转卖的。至于特产——当然也是所有人贩卖的都一样,是来自荷花池的莲蓬,一位老人告诉我们,因为荷花池现在是公家的财产,无论游客还是村民都禁止私自采集荷花池的产物,她们所销售的莲蓬都是从承包荷花池的人那里买来后再转手卖给游客的,一个大概只能赚三毛钱。

她们所说的荷花池是鲤鱼溪风景区的重点景区,三四年前才建好,周宁县官方网站的文章凡是涉及浦源村,都会提一下荷花池,实际的效果确实也对得起这番宣传。由于气候的原因,浦源村的荷花开放的季节格外长,每年的五月到九月整个村子都被笼罩在丝丝缕缕的幽香之中。我们去的时候正好赶上花开得正盛,远处望去,忍不住想起卢照邻的《曲池荷》中"浮香绕曲岸,圆影覆华池",大概说的就是这种景象了。

鲤鱼溪揽月桥(周宁县宣传部 供图)

荷花池里铺了一条十分曲折的木板桥，整条道走一遍就可以穿到村子的另一边。每隔几十米，都能看到警告牌，警告人们不能私自摘取荷塘里的花和莲蓬。

鲤鱼溪风景区的核心景点是鲤鱼溪，不少房子沿溪而建，但是从房子到鲤鱼溪间隔极短，凹凹凸凸的石板路大概只勉强够两个人并排走过，很难想象当年有马在这样狭窄的路上行进。

路边的房屋大多重新修整过，改造成了小卖铺，实在是无法修缮的，就粉刷了外墙，在墙外标明危房，禁止游客坐在墙下休息。在路边难得看到一座看上去体面的建筑，房门上面标明了是一位郑氏族人的故居，但里面并非博物馆，而是有人家正常生活的景象。

只有进入狭长的小巷子，才能够一窥鲤鱼溪村民的实际生活情况。巷子很深，四通八达，藏着许多年代古久的建筑，不少已经荒废多时，剩余人家的房屋仍旧保持着20世纪或是更久远时代的格局，摸上去硌手的土坯墙，掉了漆的木头房梁，裸露在外的电线，即使还有零零散散新建起来的平房，也都没有装修的痕迹，地上凌乱地堆着一些杂物，破旧的水桶，老化的水管，外面是菜地，几根歪歪斜斜竹竿支起，铺上一层塑料布，就是院子了。

此外，他们还有一个共同点，就是平日是不关门的。在我们走访、调查的过程中，曾经走到的死胡同尽头就是一户人家，家家门户大开，与现代都市里层层锁起的防盗门形成鲜明对比。费孝通先生曾经在《乡土中国》里论述道："现代社会是个陌生人组成的社会，各人不知道各人的底细，所以得讲个明白；还要怕口说无凭，画个押，签个字。这不是见外了么？"乡土社会里从熟悉得到信任。

乡土社会的信用并不是对契约的重视，而是发生于对一种行为的规矩熟悉到不假思索时的可靠性。对于他们来说，我们这样时常走到别人家门口的不速之客，已是司空见惯了。并且，我们所到之处，时常会有坐在路边闲谈或者择菜的村民，她们会习以为常地说："呀，你们走错路了。"这些人多为上了年纪的女性，有的手边还带着岁数不大的孩子。尽管生活在周宁这样的避暑胜地、在浦源这种生态文明建设的较为完善的地方，她们看上去却过得并不太好。或许是因为这里成了旅游景点，成了名胜古迹，名胜古迹最重要的便是"古"，住在鲤鱼溪两边的人，不被允许翻新房屋，也无法拆了房子把地卖出去，所以在我们还能看到许多空无一人的房屋。

据我们偶遇的一位带着孩子的年轻妈妈所说，以前住在这里的很多人挣到钱以后都搬去镇上建房子了，留下来的很多人错过了房价便宜的时候，现在想搬出去也心有余而力不足了。

鲤鱼溪内的修缮工程一直也很有限，因为溪流横隔开村庄，走不远就需要桥梁，不少桥梁甚至还是用木头简单制造而成的。根据我们的观察，最新的地方应该是观音阁，因为它不在核心景点的范围内，并且修建的资金还来自周边的几个村落。

在不大的鲤鱼溪风景区里，宗教留下的痕迹是极其密集的，除了上文提到的观音阁，还有祭拜文昌帝君的文昌阁，纪念当地名人林忠公的林公宫，鲤鱼溪上的廊桥小庙里供奉的是送子观音，离中心景点比较远的还有通天圣母宫。

我们到访的过程中，除了看上去打扫的一尘不染、金碧辉煌的观音阁，文昌阁和林公宫也有专人负责打扫和开关门，通天圣母宫里甚至还住着老人。这些庙宇都被仔细赋予了不同的职责，祈求多子多福、平安还有考取功名。

我们在庙宇里面收集资料的时候遇见的老人家，大多已经头发花白，牙齿掉光，她们听不懂我们说的话，也不会讲普通话，但是对我们很热情。两次去文昌阁，都赶上黄昏时刻，仍旧带着热气的阳光斜照进楼阁，氤氲的烟火染上橙黄色的暖意，守在文昌阁内的老人热忱地递给我们香火，让我们去拜一拜主持功名禄位的文昌君。

管理林公宫的老婆婆普通话更好一些，我们第一次遇见她是在傍晚，她站在庙宇门口向内好奇地张望后，便照常把大门按时锁上了（偏门是开着的）。第二天我们拍照的时候，她进来打扫卫生，我们就抓住机会与之攀谈，但是说不上几句，她就自顾自地来到菩萨面前，像她过去一样，无数次重复虔诚地低头，嘴里喃喃几句祝词，才感觉像完成了一天当中最重要的任务一般，放松了身体，步履蹒跚地离去了。

历史上是这样记载闻名在外的鲤鱼溪的，"闻人声而至，见人形而聚"，"竞相觅食，彩鳞翻飞"，温顺如驯，诚如"神鱼"。据说，宋代郑氏祖先在这条小溪内放养鲤鱼，一来供人观赏，二来去污澄清。明代洪武年间，因为世道动荡不安，为了保护鲤鱼繁衍生息，郑氏家族的族长组织村民建立乡规民约。俗话说得好，正人必先正己，为使保护鲤鱼地法规深入人心，族长特意让自己的亲孙子去村中抓一条鲤鱼，鱼抓回后，族长当着乡亲们的面，痛斥孙子擅自破坏族规，并亲自动手把孙子打得皮开肉绽，村里人连忙制止。之后，郑氏族长请来道士为这条鲤鱼做法超度，又自掏腰包宴请村人三天。自此，爱鱼、护鱼的思想便深入人心，时至今日，郑氏村民依然保持着对溪中鲤鱼的敬爱之心。

村民把鲤鱼溪视作他们一族的象征，有了鱼，有了鲤鱼溪，才有了信仰，有了一条暗暗维系郑氏宗祠的纽带，浦源村民认为那两棵缠绵的参天大树里居住着祖先的灵魂，这些早就逝去的生命并没有随着身体被泥土腐化而消亡，他们化成一缕精魂，寄居在苍天巨木中，无形之中庇护着这个村庄。

20世纪80年代，鲤鱼溪公园在溪流的下游修建起了造型独特的一鉴塘，潭中设有观鱼亭，还有一尊造型优雅、身姿飘逸俊秀的鲤鱼仙姑石像。尽管历史的痕迹在岁月的风沙中渐渐消弭，现代的浦源村村民依然在心里为他们的鲤鱼留出了一块地方。

无论是现在大家公认的鲤鱼来源，还是民间传说，尽管故事差别很大，但其表达的中心思想都是对道德的推崇。千百年来，讲和修睦、家族和合，植根在乡民心中，世代流传，这正是郑氏宗族千百年来传承不曾断绝的奥妙所在。

早些年，浦源村只有一口井，供旧街一带的村民饮用，多数村民只能饮用溪水，后来随着工农业发展，溪水污染，不能饮用。20世纪80年代后，村镇系统地建立起供水系统，从别村调水，才得以解决浦源镇的供水问题。

浦源村的部分水井

尽管现在供水系统已经高度发达，但居住在村内的村民仍有去井边打水的习惯，就在之前我们走过的曲折小巷中，出现了几口独特的井，我们称之为"七星井"。"七星井"上的七星指的是北斗七星"天枢""天璇""天玑""天权""玉衡""开阳""瑶光"，建造格局也完整对应天上的北斗七星。

在调研的过程中，我们走遍了旧街边的民居，遗憾的是，只找到了六口井，在这个过程当中很多当地的村民积极地给我们指路。最后我们原路返回时，他们还热情地关心我们是否找到了目标。不过，在和他们的接触过程中，我们发现，即使在浦源村这样一个浸透着八卦风水文化气息的村落，传统文化遗留下的痕迹在人们的心中也渐渐消减下去，对于很多人来说，这只不过是几口刻着字的水井罢了。

本次调研的最后一天，我们有幸赶上周宁县举办的旅游周，当我们到达镇上时,看到了难得的热闹喧嚣的景象。外来车辆在靠近景区的地方就被拦下了,鲤鱼溪景区门口的停车场上挤满了贩卖小食的商人,村子里活动的人也变得多了。祠堂的正门被打开,身着红衣背着花鼓的表演者提前聚集在祠堂里面,显现出一派热火朝天的景象。

人都是喜欢热闹的,在这一片人来人往的喧嚣当中,缠着靛青色头巾的老人家坐在大树下,脸上也禁不住露出了笑容。

三、浦源村的人文生态

(一)鲤鱼溪公园

说到浦源村的特色人文生态就不能不提到鲤鱼溪公园,可以说这是我们小组在调研过程中调研密度最高的一个地点。一进入鲤鱼溪公园,它给我的第一印象就是满湖盛开的荷花,荷花花瓣大部分为白色,瓣尖带着点粉,亭亭玉立,与高高低低的荷叶一起,形成了一幅生机盎然的景象。再沿着池中的曲折的小桥往公园深处走去,我们来到了文昌庙,接着是鱼仙姑塑像、半月桥、湖心亭、郑氏祠堂,然后就到了公园最具特色的鲤鱼溪。

鲤鱼溪边像江南人家一样,高低错落着老民居,溪中清澈可见的成百上千的锦鲤、黑鲤,它们在水中跳跃,时不时便可以看见一个鲤鱼打挺,住在附近的小孩们沿着石阶蹦蹦跳跳地向下走到溪边的青石板上,他们打水仗,他们吹泡泡,他们拿着用红绳捆着的饼去喂鱼,好不自在……这些就是我们在鲤鱼溪公园中看到的景象,之后,我们通过查找资料,对鲤鱼溪公园的建设历史也有了一定的了解。

生态│自然·人居·人文

悠游鲤鱼溪（周宁县宣传部 供图）

鲤鱼溪公园，在鲤鱼溪下游、郑氏宗祠右侧。1986—1988年，上级旅游部门投资10万元，村民集资16.5万元，建成占地3000平方米的鲤鱼溪公园，修建鲤鱼溪旁仿古通道。公园内建有造型独特的一鉴塘、观鱼亭、半月桥、九曲桥、荷叶桥、鲤鱼喷泉等，鱼塘中塑造一尊仪态端庄、楚楚动人的鲤鱼仙姑。公园周围建有鱼冢、观音桥、林公宫和形如古船的郑氏宗祠，祠中有株挺拔高耸、树腹中空、枝繁叶茂的柳杉，园中建筑与鲤鱼溪的人文景观融为一体，相映成趣。

1992年，新辟一条宽5～10米、长280米的公园路，入园路口竖一座石牌坊，正面为叶飞题写的"鲤鱼溪公园"，背面刻着郭沫若题写的"神游忘归"。四根石柱分别为书法家朱棠溪、吴味雪、王希尧、郑仕康所书写的联句，分别为："八百载淳风造就此中美景，万千支彩笔绘成当世宏图"；"山水萃奇观人鱼同乐，春秋饶胜概风月双清"；"四壁青山滴翠浮岚涵画意，一溪锦鲤吹萍唼藻畅诗怀"；"冯骥作客休弹铗，吕尚来游敢放钩"。此外，还在鱼塘旁竖刻名人佳句的石碑廊，映衬景点，为鲤鱼溪公园增添雅韵。2007年，县政府把鲤鱼溪纳入县城建设的版图，将鲤鱼溪进行全面规划建设。2009年，开发、建成鲤鱼溪上游数百米的河道与公园[①]。

（二）浦源"八景"

中国传统景观概念里一向为"八景"留有一席之地，"八景"通常记录在当地的地方志或者具有浓郁地方特色的族谱里。在一族家谱的艺文或者诗文部分，集中收录了本族人或族外人咏写的该族所居地景观的诗文作品，数量通常是八个、十个或其他偶数。有的家谱会事先笔绘出该地的八景图，再配以诗文的方式来说明各个景观的内容和意义。[②] 为某地设立带有文化色彩的标志性景致，然后加以咏赋的传统，一般认为来自宋代文人沈括的《梦溪笔谈·书画》："度支员外郎宋迪工画，尤善为平远山水。其得意者

[①] 周宁县浦源镇志编纂委员会编：《浦源镇志》，福建美术出版社2015年版，第437页。
[②] 张廷银：《传统家谱中"八景"的文化意义》，《广州大学学报》（社会科学版）2004年第4期。

有平沙雁落、远浦帆归、山市晴岚、江天暮雪、洞庭秋月、潇湘夜雨、烟寺晚钟、渔村落照，谓之'八景'。"此后，士大夫纷纷效仿，为所在地作八景图和八景诗。

八景指的是景色，八景诗描绘的也是景色，我国崇尚山水文化传统由来已久，魏晋时期的山水审美和游观的兴起，隋唐山水诗的兴盛，都表现了自然山水在我国传统文化中具有相当重要的地位。与此同时我们对于山水往往不光是欣赏，还在山水间寄托了内心追求的精神、道德、情操。[1]

但是八景除了展现自然风光，还具有浓郁的人文色彩，八景不是自然的，是属于人间的，它是集一个地区，一种文化的精华于大成的所在。

写在家谱里的八景又和地方志里的八景有些不一样，家谱里的八景由于身处环境和作者的缘故（家谱里的八景诗大多数由家族里的人撰写），记录在家谱的八景诗更加的世俗化、乡村化，更加平易近人，容易读懂，特别还要让身居此地的人产生认同感。因为家在中国传统文化里的地位是极其重要的，人们都希望能够定居在一块风水宝地上，由此产生了赞美生活环境的八景诗，它教人用双眼去发掘身边的美，用诗人的才华去创作，用笔墨纸砚去描绘记录，并在这个过程当中，实现对生活环境的礼赞。

浦源村的八景分别是"石牛西卧""天马南旋""双峰插汉""半月沉江""麻岭春晴""紫云晓霁""松间鹤语""涧水鳞潜"。[2] 浦源村是山村，周边多山，"石牛西卧""天马南旋""双峰插汉""麻岭春晴""紫云晓霁"皆为山景，"半月沉江"和"涧水鳞潜"指的是鲤鱼溪上的景色，至于"松间鹤语"现在已经难以考证。

郑氏宗祠壁画中留下了描绘浦源八景的图像与诗文：

---

[1] 赵夏：《我国的"八景"传统及其文化意义》，《规划师》2006年第12期。
[2] 周宁县浦源镇志编纂委员会编：《浦源镇志》，福建美术出版社2015年版，第437~438页。

郑氏宗祠屋顶的八景图（部分）

屋顶的八景图配以八景诗，以下摘录其中的一部分有代表性的浦源八景诗：

半月沉江

渐近团圆对饮宜，婵娟临水俨全窥。

如张扇摺风皆好，但揭帘钩香便知。

侧树未花开有待，怀珠自媚孕当时。

拓胸洗奥人间见，休怨凌波出浴迟。

——郑丹诚

山势浑如片月弯，何处江山见团圆。

天公早示文明象，画出球圆地半环。

——郑宗霖

生态|自然·人居·人文

涧水鳞潜

沼沼涧水泻银河,都道潜鳞此最多。
逐队徜徉侬嫩藻,成群荡漾戏微波。
曾看玉尺清流跃,又见金梭碧浪过。
灵鲤从来知变化,他时烧尾果如何。

——郑芳联

曾向龙门点额面,潜身幽涧养鳞威。
他时禹浪三重透,鼓鬣扬鬐听夜雷。

——王鸿

麻岭春晴

律到阳和色色珍,遥看麻岭尽生新。
千枝锦绣连天霭,一带晴光满地春。
风暖鸟声随处碎,日高花影遍山陈。
骚人眺望诗怀展,赋就玲珑不染尘。

——陈星衡

麻岭崇高最有名,许多庶类乐春晴。
行人漫揽山中景,步步青云足下生。

——陈星衡

石牛西卧

曾是花村放犊天,冈头化石问何年。
了知函谷骑过后,更忆巢仙牵饮前。
卧向桃林还自在,梦移银汉想初圆。
西晴春及犹思起,万姓仓箱赖汝肩。

——郑丹诚

斜阳莫遣下西来，傲骨嶙峋亦壮哉。
不食生多餐西露，隐然高卧此山隈。

——郑霖济

双峰插汉

洒霄双管倍淋漓，濡染银河作墨池。
略似华山开巨掌，居然茂苑见修眉。
中峰留有投闲位，神剑终当复合时。
放下樵家柯斧事，爱陪仙叟对围棋。

——郑丹诚

巨灵劈破白云巅，兀立双峰不记年。
最是骚人吟望处，山头四首月初圆。

——叶瑞琪

松间鹤语

龙鳞矗矗势参天，最爱翩翩白鹤连。
千里呼群音叶韵，枝头唤友舌调弦。
禽声犹带松声滑，鸟影曾和树影妍。
想是大夫多秀气，趁兹玉羽可称仙。

——郑儒微

青松白鹤可知心，为寄孤高语信深。
雪里精神云外客，千锤百炼一生身。

——郑霖济

天马南旋

化龙飞渡爱南熏,马迹千年溯旧闻。
毛洗渥洼纯捲雪,老归华岳惯川云。
生天骏骨浑成画,坠地房星秀出群。
与尊指车资识路,凯旋还有报将军。
——郑丹诚

灵钟北骥向东来,毛色苍苍隐碧苔。
知是文明天运启,腾骧万里会呈材。
——郑霖济

紫云晓霁

昨夜闻萧吹太清,今晨云映紫泥明。
霁光入袖遥分爽,霞彩依觞乍解醒。
岩桂月华供露在,磴台情晕化霓成。
恍从薇省才摩眼,遮道宫袍看禁城。
——郑丹诚

山号紫云浮淑气,日光掩映万重山。
举头自觉青天在,紫翠相连霄汉间。
——王鸿

各地的八景诗以写实为主,要反映一个地区地文、人文背景的个性特征,这对于后代的历史地理研究具有很高的参考价值,但是出于种种目的文人可能会对八景加以种种不切实际的修饰,清代文人如戴震、章学诚等人甚至公开批判过地方志中的八景诗"小视山川"。很多历史学家反对八景,因为八景和现实景象相差太远。[1]实际上本次调研的过程中,我们向村庄里的居民询问

---

[1] 张廷银:《西北方志中的八景诗述论》,《宁夏社会科学》2005 年第 5 期。

时,他们也纷纷表示从来没有听说过所谓的"八景",只能依稀指出浦源八景中所说的几座大山。

郑氏族谱里也保留了一些浦源八景诗。从文学的角度上来说,这些八景诗有很多艺术性确实不高。作为中国诗歌史上的一朵奇葩,古来著名作品集从来没有收录过八景诗(即便是苏轼、乾隆等名人创造的八景诗)。即使是在当年那个崇尚"雅文化"、忽略代表着民间文化的"俗文学"的时代,中华大地上依旧不断涌现出来自各个阶层的八景诗,也在一定程度上会影响人们的思想和情感。

例如,在郑氏家谱里描写"涧水鳞潜"的诗中,有一首:

溪流竟日响淙淙,锦鲤游翔乐百双。
带到崇朝云雨合,昂头一一化成龙。

诗歌本来是描写鲤鱼溪内鲤鱼游动之景的,但在诗末提及了"鲤鱼跃龙门"这个意象,就使得诗中还饱含了一种昂扬向上的气息,直教人觉得心潮澎湃,向往未来。

在描写"石牛西卧"的八景诗当中有一首诗:

斜阳莫遣下西来,傲骨嶙峋亦壮哉。
不食生多餐西露,隐然高卧此山隈。

此诗蕴含了两层意思:一是嶙峋的石头形状像牛,二是赞许那些不汲汲于功名利禄、隐逸山间的人。

"石牛西卧"也好,"涧水鳞潜"也罢,这些平凡细小的景观很难与"会当凌绝顶,一览众山小"的名山大川媲美,但对于浦源人来说,他们生于此,长于此,死后埋进脚下的土地,身体慢慢销蚀,直到与土地融为一体,他们的灵魂里刻着这片土地的印记,所以怀抱有一颗爱这片土地的心来挖掘身边的美景,看到常人所看不到的独特一面也是理所当然的。

虽然在人们的刻板观念里面,乡村可能是贫穷落后、文化知识浅薄的地方,但近些年,随着不断深入地追溯乡村历史,人们越来越发现,正所谓"艺术来源于生活",那些落满尘埃的乡村的土地上也能结出宝贵的文化果实。

四、比较与建设性展望

作为国家在2014年公布的第六批中国历史文化名村,浦源村气候宜人,环境优美,但其知名度和游客来访量却不大,根据我们的调研,可能是由于以下几种原因。

(一)交通不便

历史文化名村受历史发展地影响,大多坐落在偏僻乡村和革命老区,经济相对落后,而发展起旅游业所必需的基础设施的完善和人居环境的优化需要投入大量的人力、财力、物力。[①]浦源村所在的周宁县只设有火车站,于2012年开通高速公路,从宁德市区到达周宁县城乘坐大巴需要近两个小时的时间。而从周宁城关到浦源村,要么乘坐每小时一班的公交车,如果想要不受时间限制的话只有选择三轮摩托车了,一辆三轮摩托车上可供四人乘坐,不过根据当地的交通管理法规,只能承载两人。

(二)旅游类型不够丰富

随着我国工业化进程的加快,城镇人口的猛增,环境污染问题加剧,社会关系不再那么紧密,越来越多的城市居民对乡村优美的自然环境和淳朴的民风产生了向往。另外,普通乡村旅游强调以自然资源开发为主,比如以油菜花田闻名的江西婺源,而古村落在建设当中不仅具有普通乡村旅游的所有元素,而且具有更加深厚的文化底蕴和丰富的民俗风情,例如南方的傩文化就成为很多小镇吸引外来人的重要资源。[②]在这两方面,浦源村虽修建了数十亩的荷花池,足以吸引行人驻足观看,但是其他的配套设施却没有跟上,周边仍

---

① 顾金土、邓玲:《中国历史文化名村的时空特征及与地方经济发展关系分析》,《湖南农业科学》2012年第19期。
② 何峰、杨燕、易伟建:《历史文化名村旅游开发的SWOT分析——以湖南张谷英村为例》,《热带地理》2010年第30期。

旧是零零散散的田地。

第二，浦源村的鲤鱼溪名声在外，鱼文化也由来已久，2006年11月，吉尼斯世界纪录授予鲤鱼溪"中国之最"称号，有三个世界唯一——世界唯一的鱼塚，世界上唯一的鱼葬，世界上唯一的鱼祭文。但对鲤鱼溪的开发仅仅停留在贩卖鱼食给游客上，关于鱼的周边产品的商业潜力还有待发掘。因为旅游的本质在于创造不同于居住地的差异化体验，传统旅游开发通常局限于实体旅游资源，而对于历史底蕴深厚的文化旅游资源却缺乏重视，所以难以给游客创造丰富的旅游体验，体验式旅游要求旅游开发从"硬开发"向"软开发"转变，提高了对技术创新的要求，但同时减小了对环境的损伤。[①]

此外，浦源村还有历史悠久、底蕴深厚的宗祠文化可以开发，宗祠文化作为我国特有文化之一，具有极高的历史价值，加之浦源村郑氏宗祠规模宏大，修缮到位，在村民的努力下祠堂内牌匾与牌位保存十分完整，保证了郑氏宗祠的观赏价值和研究潜力。

（三）与当地其他旅游资源连接不够紧密

不是所有的历史文化名村都有丰富的旅游资源，但是有很多文化名村选择与周边的旅游资源形成互补关系，比如湖南的张谷英村就借助了岳阳市丰富的旅游资源，张谷英村主打汉族传统民居的宣传口号，和东洞庭湖国家级自然保护区以及与屈原相关的人文古迹，共同组成一条丰富的旅游路线，不仅降低了宣传成本，还有效地扩大了市场。在这一层面上，周宁县的旅游资源还算较为丰富，浦源的鲤鱼溪作为其主打项目，与号称"华东第一瀑"的九龙漈瀑布捆绑宣传。但事后经我们了解到，周宁还有建设完善的塔山公园、滴水岩和陈峭鸳鸯溪等优质景点。

旅游业的关键之一是要形成系统的、一条龙的项目，浦源村作为历史文化名村带来的文化吸引力可能没有游山玩水那么大，基础设施建设的缺乏就导致了游客停留时间短，难以创造更多的经济效益，所以要把它融合进旅游

[①] 李欣华、杨兆萍、刘旭玲：《历史文化名村的旅游保护与开发模式研究——以吐鲁番吐峪沟麻扎村为例》，《干旱区地理》2006年第2期。

路线当中，用以增加这条路线的历史文化底蕴。

不仅如此，因为周宁县没有特别出名的特产，像烧饼之于黄山、万三蹄之于周庄，更不要说名声在外的苏绣、景德镇瓷器了，特产在拉动旅游业经济发展上将起到重要作用。所谓靠山吃山，靠水吃水，坐落在大山中的周宁县有着丰富的农产品资源，想要打造地区名片式的特产，还是有不少拿得出手的东西的。

（四）旧村规划整治不到位

著名建筑文化学者阮仪三曾经提出过"保护古城镇，开辟新区"的规划思想，平遥古城、周庄都从中受益。游离于主流城市规划之外的古城古镇保护在现代化浪潮的冲击下显得至关重要，从以往的古村经历来看，文化遗产的保护和现代都市的发展，从来都是可以兼顾的。

古建筑的历史价值是不可估量的，但是人民群众的生活质量也要提高，在调查中我们发现很多群众还住在旅游区内的老旧房屋当中，历经百年风雨，老屋早已伤痕累累，但是对于不少家庭来说，在房价飞涨的当下，他们又缺乏在县城建新居的经济能力。

浦源村现在面临的一大难题是原来的村落急需修缮整治，但是官方和原村民之间的利益关系存在冲突，使得拆迁重建困难重重，在生活质量得不到明确保障的情况下，民众对改造缺乏积极性，甚至消极抵抗。而开发者在历史文化名村的维修保护上也不够重视，新建筑的开发应当建立在保持历史文化名村整体风貌上，村内核心古建筑、重点文物本体的自然维护、受损部位的修复等，主要依赖村内少数的有意识群体，而对文物的维修保护，应该依照法定程序履行报批手续后由专人专司负责实施。[1]

因为规划保护要素主要由自然环境要素、人文环境要素和人工环境要素组成，所以我们从这些方面进行一些分析：

自然环境包括山形地貌和自然景观，浦源村属于亚热带海洋性季风气候，

---

[1] 常浩：《八闽历史文化名镇名村保护与利用思考》，《福建文博》2011年第2期。

四季分明，冬长夏短，气候温和，雨量充沛，因为海拔高，夏季温度十分舒适，所在的周宁县是著名的避暑胜地。浦源镇境内植被主要是中亚热带常绿阔叶林，一年四季郁郁葱葱，绿树如荫，且植物种类丰富，仅花卉就有35种。

人文环境要素指对居民社会生活、习俗、生活情趣、文化艺术等方面反映出来的历史传统文化。浦源村地处偏远，受现代社会的影响小，而村庄早期建设本身还带有风水八卦的考量，加之宗祠文化像一条无形的线，把村民连接在一起，古时候习俗得以流传至今，使得21世纪的浦源村仍保存有闽东村落的原汁原味，这是十分难能可贵的。但是由于当地缺乏发展机会，大量的年轻人选择走向城市，缺乏青壮年劳动力的后果就是村庄民业凋敝，缺乏新鲜血液，发展止步不前。[①]

历史文化名村的发展的机遇已经到来，法定节假日的调整让人们多了不少小长假，时间和金钱对于娱乐项目的选择起着至关重要的作用，近些年每逢小长假热门景点人满为患、寸步难行的情况愈发严重，同时名气与服务质量成负相关也使得人们在挑选景点上瞻前顾后，接下来人们的旅游策略可能会转向选择离家近、花费少的新景点。而在旅游业高速发展的时代，旅游开发竞争压力陡增，周边景点的屏蔽效应、同质化景点的竞争，历史文化名村的发展也将迎来严峻的挑战。

---

① 李小云、闵忠荣:《江西山地丘陵地带历史文化名村保护规划探析——以贵溪耳口曾家村为例》,《华中建筑》2010年第28期。

土地

新中国成立初浦源地区土地改革

肖振楠

　　新中国成立后,中国共产党随即在全国范围开展了土地改革,通过此次改革不仅废除了封建剥削制度,解放农村生产力,为新中国成立初期的经济发展奠定基础,并且从根本上改变了传统乡村社会关系,推动中国乡村社会的巨大变迁。作为20世纪乡村社会变迁中的重要一环,新中国成立初期的土地改革不仅取得了巨大成功,其土改成功的意义和经验也对当年中国乡村社会发展具有重要的影响。由于时空因素的不同,各地的土地改革也表现出了多种多样的复杂面貌。

　　我们在6000多页档案中,重点解读了其中关于土地改革的档案,梳理出浦源村土地改革的大致脉络,分析了土改对浦源社会产生的影响。我们之所以考察浦源村的土地改革,是因为它为之后的一系列农村变迁打下政治经济基础,是中国农村走向现代化的起点。

浦源村荷花池（周宁县宣传部 供图）

1949年11月，福建省人民政府颁布减租公告，要求全省开展以减租反霸为中心的工作任务，1950年毛泽东对福建省作出指示，要求限期剿匪，加速土改，从1950年8月起，全省展开了土地改革运动，共分三批至1952年5月完成。周宁人民具有光荣的革命斗争传统，30年代成功开辟了闽东革命根据地后，于1934年10月下旬成立周敦苏维埃政府，次年4月成立中共周敦县委。浦源镇位于周宁县中部，在民国时隶属于周敦特种区，境内各村分属周敦、龙亭联保（后周敦特种区改为乡制后分属于周敦镇和龙亭乡），1942年隶属于狮城镇（由周敦镇和龙亭乡合并而来）。1950年4月，周宁全县废除保甲制，实行区乡建制，先后建立第一区（驻地端源）、第二区（驻地礼门）、第三区（驻地咸村）、第四区（驻地七步），第一区分设浦源、端源、萌源、源头、龙亭等10个乡，随后人民公社化改造设浦源公社，直至1993年改为浦源镇建制。

而作为当代中国历史上的重大事件和学术命题，学界已涌现出许多有关土地改革的专著和学术论文，涵盖范围较广，涉及经济、政治、文化、社会等多重方面。首先，从20世纪50年代土改结束以后，学界便开始了对此次土地改革的研究，代表有杜润生主编的《中国的土地改革》[1]、罗平汉的《土地改革运动史》[2]、董志凯主编的《1949—1952年中国经济分析》[3]，而在大量党史、中国现代史通史教材中也皆将土地改革作为重点内容进行介绍。这一时段的研究内容主要集中在对土改过程的描述和价值评判上，重点评述土改运动的原因、路线、过程及意义方面，受到革命叙述话语的影响，偏重宏观分析，对于新解放区留下的大量土改档案资料也未予以充分利用。

而随着农村改革的日趋深入，我国对"三农"问题的高度重视，越来越多的学者开始关注当代中国农业问题，关于新中国成立初土地改革的考察也日益增多，并取得了根本性的进展。一方面学界加强了对原始档案的利用，研

---

[1] 杜润生主编：《中国的土地改革》，当代中国出版社1996年版。
[2] 罗平汉：《土地改革运动史》，福建人民出版社2005年版。
[3] 董志凯主编：《1949—1952年中国经济分析》，中国社会科学出版社1996年版。

究水平不断深入，另一方面结合社会学、人类学、心理学等社会科学方法，对土改进行专门性的区域研究，使研究范式发生了根本性改变，相关论著有复旦大学革命与乡村系列丛书，张学强对于山东莒南县的研究，张一平、莫宏伟等人对苏南土改的探讨①等，以及众多相关硕博论文成果②。此外，有些学者还关注到土改中的农民心态、宗族制度与乡村社会结构、社会动员和历史记忆、土改与共产党的基层政权建设、土改与华侨等多个问题③，开拓了土改研究的新局面，内容较多在此就不一一赘述。目前关于福建省土地改革的研究尚没有专门的专著，涉及的有前所述杜润生的《中国的土地改革》，以及《中共福建地方简史》④、《中共福建地方史·社会主义时期》⑤，论文期刊方面有刘裕清《福建省的土地改革》⑥、陈于勤《福建省土地改革运动探讨》⑦、苏俊才《闽西土地改革运动述评》⑧、李小平《土地改革与闽西苏区社会结构的变化》⑨、赵贺怡《建国初期福建侨区土地改革运动评析》⑩等，总体来说数量不多，且多集中于对闽西及侨乡地区的退研究，有关闽东地区的较少。因此，主要依托档案资料，以新中国成立初期隶属于周宁县第一区的浦源区为研究对象，在学术

---

① 张学强：《乡村变迁与农民记忆：山东老区莒南县土地改革研究（1941—1951）》，社会科学文献出版社2006年版；张一平：《地权变动与社会重构：苏南土地改革研究（1949—1952）》，上海人民出版社2009年版；莫宏伟：《苏南土地改革研究》，合肥工业大学出版社2007年版；王瑞芳：《土地制度变动与中国乡村社会变革：以新中国成立初期土改运动为中心的考察》，社会科学文献出版社2010年版。

② 李春宜：《湖南平江县土地改革研究》，华中师范大学硕士学位论文，2006年；王仕忠：《解放战争前后（1946—1951）山东沂水土地改革和社会变迁研究》，山东大学硕士学位论文，2007年；尹进：《建国初期土地改革与乡村社会——以桂林地区为例》，广西师范大学硕士学位论文，2008年；苏琰李：《1950—1952年甘肃定西土地改革研究》，西北师范大学硕士学位论文，2012年；张刚：《建国初期贵州土地改革研究》，贵州财经大学硕士学位论文，2013年；谢丹琳：《建国初期的龙岩县华侨与土地改革》，厦门大学硕士学位论文，2014年。

③ 张一平：《三十年来中国土地改革研究的回顾与思考》，《中共党史研究》2009年第1期。

④ 中共福建省委党史研究室编著：《中共福建地方简史（1926—2006）》，中央文献出版社2006年版。

⑤ 林强主编：《中共福建地方史·社会主义时期》，中央文献出版社2008年版。

⑥ 刘裕清：《福建省的土地改革》，《福建党史通讯》1986年第5期。

⑦ 陈于勤：《福建省土地改革运动探讨》，《党史研究与教学》1994年第1期。

⑧ 苏俊才：《闽西土地改革运动述评》，《当代中国史研究》2002年第1期。

⑨ 李小平：《土地改革与闽西苏区社会结构的变化》，《中国社会经济史研究》2002年第4期。

⑩ 赵贺怡：《建国初期福建侨区土地改革运动评析》，福建师范大学硕士学位论文，2013年。

界对共和国成立初期土地改革已有的宏观研究基础上，深入探究浦源的土改进程及历史全貌，试图拓展福建乃至闽东土改的研究范围，从而更全面地凸显土改对乡村社会的巨大意义。

一、土改前浦源地区的一般情况

（一）封建经济关系

浦源位于周宁县中部，地处鹫峰山脉东麓，地势自西北向东南倾斜，境内有中山、低山和丘陵三种类型，峰峦叠错，山岭之间形成谷地或盆地，溪谷纵横。新中国成立初设立周宁第一区，下辖浦源、端源、萌源、源头、江源、龙亭、城关、坂头、陈凤、莲地十个乡，就浦源乡来说，全乡计有6个自然村：浦源、潘山底、龚巷、松房亭、大桥头、麻岭，浦源为主村，其他自然村距主村距离较近。

浦源境内土地关系非常复杂，不仅有本外乡交错土地，还有大小公轮田、族有田、学租田、庵庙田等，耕地中公轮田面积最多，占总面积37.86%，其余族有田53.1公顷，占22.5%，庵庙田2.66公顷，保公田1.06公顷，学租田0.28公顷，蘸田0.79公顷，祠堂田0.79公顷，会田0.09公顷。大部分耕地为封建地主占有和封建宗族所有，地主占总户数1.76%，却占有大部分耕地，占地总面积的21.81%，人均占地1.22公顷；农民占总户数的98.24%，人均土地仅0.041公顷[①]，土地分配不平衡（如表1）。

表1　浦源土改前各阶层土地占有情况表

阶层	占有耕地面积（亩）	占总数（%）	人均（亩）
地主	5213.34	21.81	18.29
半地主式富农	318.16	1.33	5.68
富农	671.18	2.81	3.26
小土地出租者	209.48	0.88	3.22
工商业	53.05	0.22	81.51
中农	4040.12	16.91	1.26

① 周宁县浦源镇志编纂委员会编：《浦源镇志》，福建美术出版社2015年版，第156页。

续表

阶层	占有耕地面积（亩）	占总数（%）	人均（亩）
贫农	4157.76	17.4	0.62
雇农	145.57	0.62	0.33
债利生活者	3.4	0.01	0.85
其他	78.18	0.33	0.64

资料来源：周宁县浦源镇志编纂委员会编：《浦源镇志》，福建美术出版社2015年版。

在租佃关系方面，由于地主、富农占有多数土地，贫雇农少地或无地，只能向地主和富农租佃土地耕种以维持正常生活，租佃关系同样是农村中主要的经济关系。"土地所有者因生活所迫或耕种不便，可以将土地出课或出租，土地出课，以一年为期，可预收课金，金额约值年正产物的1/3左右。土地出租的租额按土地好坏、做工省繁，分别对分或四六开、三七开不等。"①农民因自身贫困，常常受地主起佃，地主还控制了农村的借贷关系，春耕时农民缺乏农本，被迫向富农或业主借高利贷，利息甚高，农民因此卖掉住房或沦为长工、流落异乡至死的情况时有发生。1946年，福建执行中央指令要求应于免赋之外，实行二五减租法令，但实际执行效果不大，地主反而从佃农手中收回土地雇工耕种，佃农无力抗争，只好放弃限租权利，法令多流于形式。

（二）社会状况

土地改革前浦源地区的封建色彩浓厚，地主、富农阶级豢养民团，操纵刀会，勾结土匪，占据了农村经济、政治特权，给当地社会秩序带来了巨大混乱。

在清末民国时期，浦源地区就常有匪徒入境在麻岭头一带拦路抢劫，骚扰民生，导致严重的财产损失。1922年成立周敦同善社，进行所谓"传道修身、劝善规过"，后演变成大刀会，会徒人数众多，活动频繁，"周敦联保与龙亭联保只能例行一些周敦特种区的行政事务，无力维护地方治安"②。1943年10月，闽东各县大刀会约定起义，周敦大刀会首领周邦安等人接到指令立即调

---

① 周宁县浦源镇志编纂委员会编：《浦源镇志》，福建美术出版社2015年版，第156页。
② 周宁县浦源镇志编纂委员会编：《浦源镇志》，福建美术出版社2015年版，第349页。

兵遣将，浦源境内会徒参与攻打周敦城。后攻城失败，酿成闽东最大一起刀会暴动。反动会道门、同善社头目继续进行着反动会道门活动，1949年7月12日，会徒在萌源岗头庵设立"中华国福建省福宁府宁德县周敦萌源法华寺佛堂"，发展社徒，重建大刀会。除了严重的匪患，浦源地区反动基础强大，伪行政官员、国民党特务残余势力依然存在，据档案统计，1951年以前，仅浦源一乡国民党区分部以上分子2人，区分部一下分子19人，三青团1人，反动军官及兵士12人，伪行政官吏中，科长以上1人，镇乡长2人，伪保长8人，乡保民代表2人，伪甲长等其他官员共30多人，再加上反动会道门、土匪、恶霸、地主、流氓等将近200人①。另外，由于文化落后、医疗卫生条件较差，新中国成立初浦源传染病肆虐，一度危害村民的生命健康。1949年7月浦源暴发鼠疫，80余民村民均出现头痛、发寒热状况，10月达到高峰，全村死亡50余人，1950年8月30日，浦源再次流行鼠疫，死亡7人。②两次较大规模鼠疫的出现使村民谈鼠色变，惶惶不安，影响到人民正常生活和农业生产。

二、浦源土地改革进程

（一）土地改革的前奏

1949年6月，周宁全县和平解放，在进行正式土改前，为了稳定社会秩序和巩固新生政权，浦源境内率先开展了斗巴剿匪、镇压反革命分子等工作，为土地改革作准备。

1. 斗巴剿匪

1949年冬，破获"中华国福建省福宁府宁德县周敦萌源法华寺佛堂"案，逮捕重要罪犯并将其中罪大恶极的依法判处死刑，全县包括浦源在内的大量刀会、同善社成员受到教育和改化，自动退出道门组织。至1951年7月，各

---

① 周宁县浦源区委员会：《浦源乡反动基础调查表》，福建省周宁县档案馆藏档，馆藏号：63-1-14。

② 周宁县地方志编纂委员会编：《中华人民共和国地方志——周宁县志》，中国科学技术出版社1992年版，第565页。

乡刀匪人数及自新人数统计如表 2 所示。

表 2 浦源各乡刀匪人数及自新人数统计表

乡别	何种组织	人数		会首	会徒	已悔过自新		未自新		外跑		备注
		男	女			首	徒	首	徒	首	徒	
端源乡	同善社	18	11	3	26	3	26	—				
浦源乡	刀会	43	8	3	48	3	47	1				
萌源乡		43	20	3	60	2	50	1	10			首已扣
坂头乡		45	16	9	52	5	54	—		2		
城关乡		40	24	6	58	1	3	5	55			
陈凤乡		0	0	0	0	0	0	0	0			
凌地乡		38	0	4	34	2	7	3	26			
江源乡		70	2	2	70	2	10	0	60			
源头乡		20	0	4	16	0	16	4	—			首已扣
龙亭乡		11	8	3	16	0	5	2	12			首毙2人
合计		328	89	37	380	18	218	16	163			

资料来源：周宁县浦源区委会：《有关没收土地、刀会匪情、反霸等工作的汇报、草案、提纲》，福建省周宁县档案馆藏档，馆藏号：63-1-9。

2. 镇压反革命分子

1950 年 3 月，中共中央、中央军委发布了《剿灭土匪，建立革命新秩序》的指示："必须明确剿灭土匪，是当前全国革命斗争不可超越的一个重要阶段，是建立和恢复我各级地方人民政权以及开展其他一切工作的必要前提，是彻底消灭蒋介石国民党在大陆的残余武装，迅速恢复革命新秩序的保证。不剿灭土匪，各种人民革命政权就不能建立，土改就无法完成，广大贫苦农民就不能真正翻身，各地的救灾和其他一切工作也都将根本无法进行。"由于周宁地区受匪患威胁严重，1950 年 7 月周宁县随即在全县范围内开展镇压反革命活动，重点打击土匪、恶霸、特务、反动党团骨干分子和反动会道门头目等五个方面的反革命分子[①]。1951 年 2 月，周宁全县统一行动，逮捕了一批反革命分

---

① 周宁县地方志编纂委员会编：《中华人民共和国地方志——周宁县志》，中国科学技术出版社1992年版，第410页。

子，并将罪大恶极的一批反革命首要分子依法判处死刑。

（二）土地改革的全面展开

1950年6月，刘少奇在政协一届二次会议上作了《关于土地改革问题的报告》，开启了南方新解放区土地改革的进程，当月28日，中央颁布《中华人民共和国土地改革法》，为各地土地改革的执行制定了总纲领。按照中央和省委要求，从1950年12月起，浦源境内6个乡分两期开始土地改革，浦源、端源、龙亭、城关4个乡率先于一期进行改革。土改主要分为四个步骤：发动群众，整顿组织；划分阶级；没收和分配土地；土改复查和颁发土地证。

1. 发动群众，整顿组织

广泛发动群众是土改进行的重要方针。土改前，浦源地区组织机构欠缺，民兵、妇女、青年团等组织尚未成立，群众对土改政策并不了解，贫农普遍迫切要求分田，但许多群众抱有打乱平分田地、等待分田的错误思想，一般中农尤其是富裕中农怕自己的田地要被分出去一部分，因此对田地表示不关心的态度，中农郑舍慎说："我们现在灌水翻土，以后土改了，田地分给别人，那岂不是白做了。"[①] 地主兼营工商业者也都存在害怕的心理，不敢拥护土改。地主阶级更是通过盗卖粮食、假分家等方式破坏土改，如此一来直接导致许多田地停止耕作，产量下降。在了解到这一情况后，浦源土改工作队在到达浦源后，首先便召开干部会、委员会、农会会员会、商人会等各种会议，广泛向干部及群众宣传《土地改革法》，"并采取边讲边讨论的方式，使各阶层对土改法都有较深刻的认识"，工作队向群众强调："唯有坚决向地主阶级以及恶霸份子作无情的都斗争之后，农民才能得到彻底的翻身。"[②] 为了从根本上纠正农民的错误思想，土改队展开深入的诉苦教育工作，利用各种场合和方式进行问苦，着重挖苦根，启发和鼓励群众大胆地吐尽苦水，例如，在浦源乡斗争地

---

① 周宁县浦源区委员会：《浦源乡工作汇报（1950.12.30-1951.2.5）》，福建省周宁县档案馆藏档，馆藏号：63-1-23。

② 周宁县浦源区委员会：《浦源乡工作汇报（1950.12.30-1951.2.5）》，福建省周宁县档案馆藏档，馆藏号：63-1-23。

主郑林根之前的诉苦大会上,很多妇女在诉说自己的亲友被恶霸抓住或者杀害时均不禁大哭起来,不能控制①,通过这种宣传教育,一定程度上使群众树立了土改的信心,明确土改的必要性。

工作队同时开始整顿组织工作,具体步骤:以整顿与发展并重为原则,从上而下与从下而上的方法相结合,对整顿的干部采取自我检查,并向群众报告工作,组织农会小组讨论,再由农会会员采取掷豆选举的方法产生新委员。②在土地改革初期,不少干部对土改的重要性认识不够深入,组织内部不够纯洁,因此出现了有刀会同善社头目混入组织内部,个别干部包庇地主、多占果实,对农民阶级藐视的不良现象。针对这样的情况,1951年7月至8月,周宁土改委员会特派整顿组进一步到浦源整顿当地组织,通过干部动员会,对干部进行思想动员,部分干部认识到自身的错误,并对委员会进行了重新改组和选举。

2. 划分阶级

划分阶级成分是土改的中心环节。1950年8月,《中央人民政府政务院关于划分农村阶级成分的决定》分别重新规定了地主、富农、二地主、工商业兼地主或地主兼工商业、半地主式富农、知识分子、手工业从业人员等阶级划分标准,以此作为评定各地阶级成分的依据。

浦源地区划阶级分为"讲阶级、评阶级、通过阶级、批准阶级"四步,其中最难划定的是地主阶级。众所周知,由于要没收地主阶级财产,必然会引起地主阶级的强烈反抗,在整顿组织之后,为了划阶级能形成群众性运动,工作队率先动员群众开展向地主说理斗争的工作。斗争前,土改队先对群众予以充分的思想动员,并分别召开妇女会、诉苦大会、狗腿会、会员会,由干部暂代恶霸练习诉苦,以防出现诉苦人临时怯场不敢诉苦的情况;向被地主收买的狗腿表明,"地主给他们一点好处,正是糖衣毒药,目的是分散农民力量,阻

---

① 周宁县浦源区委员会:《浦源乡工作汇报(1950.12.30–1951.2.5)》,福建省周宁县档案馆藏档,馆藏号:63-1-23。
② 周宁县浦源区委员会:《浦源乡工作汇报(1950.12.30–1951.2.5)》,福建省周宁县档案馆藏档,馆藏号:63-1-23。

碍土改的进行"①；同时对干部要发挥骨干作用提出了要求，并进行了具体分工。在正式斗争过程中，一开始群众对斗争形式和目的认识不清，加上地主态度不端，对之前的剥削行为拒不承认，斗争效果不明显，经过工作队的及时调整，群众的斗争态度才被激化起来。浦源乡地主郑步履曾企图收买干部，并盗卖粮食，把多余的粮食分给米店并非法以银元议价，群众知道后在斗争会上高喊："过去只有你地主会算账，今天难道还只有您地主会算账吗？""打到不坦白的地主郑步履、打倒强词夺理的郑步履！"②全场斗争气氛十分浓烈。在斗争地霸郑立魁时，郑昌盛说："我父亲在四十岁时，因买盐被你恶霸打了一拳，直到72岁死的那年，到临死的时候还叹恨告诉我说：'我做一世人，被立魁的贼欺负的最严重，打的一拳现在还是痛……'"郑作有说："立魁恶霸你把我的砖买去700块，稻谷700斤，你只还50斤，其余问你一讨一次闹一次，到现都不还了。"③如此控诉恶霸作恶多端的诉苦多到不计其数。对地主恶霸说理斗争的胜利，使农民异常兴奋，彻底打垮了地主阶级的政治威风，为后面划分阶级的展开创造了条件。

在划分阶级时，"采取对农民代表讲阶级，对农会会员讲阶级，对群众讲阶级，讲时边讲边划的方式，着重讲地主、富农与小土地出租者分别的地方，并特别注意劳动和附带劳动的区别"。④先划分比较明显的典型户，经过大户向群众自报，再由群众评议，委员评定，经农民代表会通过后公布第一榜。公布后再发动群众，根据第一榜名单进行研究，反映意见，再根据群众反映的意见，经委员与农代表再次审查通过，公布第二榜并送达批准。与此同时，进行登记全乡土地关系，为没征收打下基础。

---

① 周宁县浦源区委员会：《浦源乡工作汇报（1950.12.30-1951.2.5）》，福建省周宁县档案馆藏档，馆藏号：63-1-23。

② 周宁县浦源区委员会：《浦源乡工作汇报（1950.12.30-1951.2.5）》，福建省周宁县档案馆藏档，馆藏号：63-1-23。

③ 周宁县浦源区委员会：《一区浦源乡斗争地巴郑立魁材料》，福建省周宁县档案馆藏档，馆藏号：63-1-14。

④ 周宁县浦源区委员会：《浦源乡工作汇报（1950.12.30-1951.2.5）》，福建省周宁县档案馆藏档，馆藏号：63-1-23。

3. 没征收及分配土地

《中华人民共和国土地改革法》第二章规定，没收地主的土地、耕畜、农具、多余的粮食及其在农村中多余的房屋。但地主的其他财产不予没收。第三章规定，所有没收和征收得来的土地和其他生产资料，除本法规定收归国家所有者，均由乡农民协会接受，统一地、公平合理分配给无地少地及缺乏其他生产资料的贫苦农民所有。① 在划分阶级后，随后由浦源农民协会领导组成没收分配委员会（下分没收、分配、保管、检查四组），通知地主开具五大财产清单向农会具报，若期间地主自报不诚实、不老实，便召开群众大会由地主向群众自报财产，由群众检举。没收财产时要求地主把所持田契全部缴纳，封存保管，"以打破地主依赖田契，等待国民党反攻的幻想"②，其他四大财产则予以贴标签并进行登记交由地主保存。由于浦源地区公轮田数量较多，征收公轮田成为没收工作中的重要部分，在对群众说明轮田制度的不合理后倡导群众自报，再由各委员、小组长、代表负责以每房为单位，由每族交出族谱按族谱上轮田数目进行征收。征收的全部工作都是由农会领导进行的，并取得了很好的效果（如表3所示）。

表3　浦源、端源、龙亭结束土改乡没征收情况表（1951年10月）

乡别		浦源	端源	龙亭	合计
田地	没收	9.58	36.37		45.95
	征收	29.41	12.67		42.08
农地	没收	4			4
	征收				
房屋	座数				
	间数	189	258	320	767
庙宇		7	8	4	19

---

① 中国社会科学院、中央档案馆编：《中华人民共和国经济档案资料选编（1949-1952）——农村经济体制卷》，社会科学文献出版社1992年版，第77～79页。

② 周宁县浦源区委员会：《浦源乡工作汇报（1950.12.30-1951.2.5）》，福建省周宁县档案馆藏档，馆藏号：63-1-23。

续表

乡别		浦源	端源	龙亭	合计
灰寮		3	6	2	11
地基		7	12.43		19.43
山林	树数	982	64	1147	2193
	片数				
耕牛（头）		5	5.5	31.75	42.25
家具（件）		442	1601	1300	3343
农具（件）		513	141		654
瓦片（块）		26000	3000	21000	50000
木料（条）			38	540	578

资料来源：周宁县浦源区委员会：《浦源乡工作汇报（1950.12.30—1951.2.5）》，福建省周宁县档案馆藏档，馆藏号：63-1-12。

4. 土地复查并颁发土地证

从1950年12月到1951年6月，浦源区第一步土地改革结束。紧接着，浦源又展开了第二步的土地复查工作。之所以要进行土地复查的原因主要有三点：一是内部组织不纯洁，有刀会同善社头目混进组织内部，个别干部包庇地主或向地主通风报信，许多干部存在多占果实的情况，政策路线的执行出现了偏差，分田不公导致群众对分田结果有所不满。二是部分群众还未具有对地主阶级的正确觉悟，如潘山底村群众讲："我村一户地主可能划错了成分，他有劳动"，"占有的土地也不多，假使说到外乡比，那还顶不上一个中农了"[①]。三是漏划了地主等阶级成分。基于以上出现的问题，浦源区委于1951年6月部署工作计划，要求召开群众会向群众表明关心群众利益的态度，对干部中的积极分子予以表扬并立即纠正存在问题干部的错误，同时发动贫苦

---

① 周宁县浦源区委员会：《浦源一期土改结束乡工作汇报（旬报）》，福建省周宁县档案馆藏档，馆藏号：63-1-23。

农民查察地主行动以打击阴谋活动①。

土地复查的主要工作内容有②：

第一，经过搜集资料，对于漏划的地主，召开代表会讨论，明确纠正漏划地主的目的，继而召开积极分子会和诉苦大会，对地主进行划阶级斗争。

第二，纠正成分继续没收征收不彻底的土地，订立调整土地方案。结合其他手工业等错划成分，对应没征收部分和应补部分土地原则进行调整。应征收部分规定：（1）对地主没收不彻底或漏划地主者按土地改革法进行没收；（2）对富农征收不彻底者按土改法征收其出租部分土地，但现有作物按谁种谁收的原则；（3）关于手工业者视其生活主要来源决定，一贯依法农业为主附带手工业不抽（田），一贯依法手工业生活附带农业劳动者按家庭生活困难者抽一半或不抽；（4）干部分好田者一般不动，应重点抽调与农民同样相等的土地数量，多分田一律退出。应补部分规定：（1）凡过去漏划户、复员回来之军人及在外（面）乡于户籍上已取得合法权利者，按土地改革法与他人同样分给一份；（2）凡在土改后其中少分者，应补足相同于全乡每人平均数；（3）凡在土改中分到坏田者一般情况不予增补，个别严重者应与补足；（4）中贫农在土改期中其本人之原耕土地抽调较严重者应予调整照顾，但原耕抽调于一般情况者不动以免混乱。

第三，根据上述原则，重新分配土地。一共有33户、54.35亩土地被没征收，分配给未分田4户，土地12.93亩，补田1户土地1.6亩，补坏田58户、土地39.83亩，调换1户，因此，共分配64户，土地分配面积与没收征收面积相等。

除了以上内容，浦源工作中还结合清理积案对内部组织予以整顿，并健全了民主建政机制。通过土地复查，较好地处理了浦源前期土地改革中的错误问题，纠正漏划和错划地主成分，重新制定了分田原则，从而整顿了基层组

---

① 周宁县浦源区委员会：《浦源乡半个月工作初步计划》，福建省周宁县档案馆藏档，馆藏号：63-1-23。

② 周宁县浦源区委员会：《浦源乡（五日至二十日）十五天来工作汇报》，福建省周宁县档案馆藏档，馆藏号：63-1-23。

织，一定程度上解决了分配不公的现象。

为保障农民的土地所有权，巩固土改成果，土地改革的最后一个环节是颁发土地证。1950年11月，中央人民政府颁发《关于填发土地房产所有证的指示》，提出："凡土改已经完成的地区，为切实保障土地改革后各阶层人民的土地房产所有权，巩固与提高农民生产情绪，不论农民新分的土地及原有土地，均应一律颁发土地房产所有证。同样，对土地改革后分给地主的土地房屋，也发给所有证……土地改革制度以前的土地契约，一律作废，并予撤销。"[1] 1951年3月，周宁一区召开土整发证会议，按照中央和省委指示，动员群众将土整发证工作落到实处，会议结束后下派土整助手到各地开展颁发土地证的工作。直至1952年2月，浦源境内颁发土地所有证800多份，周宁全县共颁发土地证2万多份，土地改革工作基本完成。

土地改革的全面开展，经过动员群众整顿组织，划分阶级，没收和分配土地，土地复查到最终颁发土地证等几个阶段，从1950年12月到1952年3月浦源土改宣告结束，直至1953年3月周宁全县完成土改。土地改革由此在乡村社会发展史上具有重要的意义。

三、土地改革的意义和存在的问题

（一）土地改革的意义

1. 结束了地主土地所有制，促进农业生产发展

经过土改，2000多年的封建地主土地所有制被废除，实现了农民平均占有土地的私有土地制度。就整个浦源地区来说，土改没收了地主（包括工商业兼地主）67户的土地238.4公顷，耕牛64头，多余粮食39.75吨；征收半地主式富农、富农、小土地出租者和债利生活者64户土地21.46公顷，征收公轮田600.1公顷。[2] 土改后，各阶层土地占有情况如表4所示。

---

[1] 中国社会科学院、中央档案馆编：《中华人民共和国经济档案资料选编（1949-1952）——农村经济体制卷》，社会科学文献出版社1992年版，第394~395页。

[2] 周宁县浦源镇志编纂委员会编：《浦源镇志》，福建美术出版社2015年版，第157页。

表4　浦源土改后各阶层土地占有情况表

阶层	户数（户）	人口数（人）	占有耕地面积（亩）	占总数（%）	人均（亩）
地主	51	285	566.94	2.37	1.99
半地主式富农	9	56	159.74	0.67	2.85
富农	24	206	503.46	2.11	2.44
小土地出租者	30	65	163.18	0.68	2.51
工商业	16	91	81.51	0.34	0.9
中农	663	3213	7176.26	30.01	2.23
贫农	1895	6662	13946.34	58.37	2.09
雇农	163	453	926.13	3.88	2.04
债利生活者	1	4	3.4	0.01	0.85
其他	41	122	113.59	0.48	0.93

资料来源：周宁县浦源镇志编纂委员会编：《浦源镇志》，福建美术出版社2015年版。

可以看出，与土改前相比，无论是各阶层占有总面积还是人均耕地都发生了翻天覆地的变化，广大农民真正翻身做了主人，拥有了真正属于自己的生产资料和生活资料。农民分到土地后，生产积极性提高，积极投入农业生产的恢复和发展中去，主要表现以下几个方面：

积肥运动。土改后很多地区的肥料问题尚显不足，为了增加积肥和水料数目，农民自发进行了积肥运动，如浦源村农民郑孝良将路沟挖出，在半小时内便挖出3担值半担以上的人粪；郑对杰专门利用天刚亮和半暮以后的时间，在路旁拾犬、猪的粪便，不到一月便总计拾粪料7担以上[1]。在群众积极利用空间和时间的努力下，1951年春季，浦源村堆烧肥6089担，买人肥247担，采粪精13.7担，畜粪3100担[2]，总体上较上年增加，肥料问题得到了有效的解决。

鼓励农民自由借贷。为进一步解决农民的粮食问题，工作组积极实施农

---

[1]　周宁县浦源区委员会：《浦源乡一星期生产情况》，福建省周宁县档案馆藏档，馆藏号：63-1-23。

[2]　周宁县浦源区委员会：《一区浦源乡生产总结汇报》，福建省周宁县档案馆藏档，馆藏号：63-1-23。

民自由借贷政策。由于一些多余粮食的农户（余户）思想上的顾虑尚有很多，或害怕别人说他放高利贷，或担心借户图懒故不愿意放贷。因此，工作组的人员和乡政府农协会委员首先召开了十大政策大会，着重说明自有借贷是有借有还利息双方自行议决的政策，随后召开小组长分别会议，对农民当面提出保证。在工作组的宣传动员下，一些中农开始主动拿出粮食借给贫农，自此后自由借贷在浦源真正展开起来。1951年夏季统计，9户中农共借出粮食计谷子1410斤，地瓜300斤，解决了30户无粮户或缺粮户的春耕口粮困难。①

防治虫害。虫害一直是影响浦源农业生产的重要因素，浦源乡工作组召集专门的生产委员会讨论防治虫害的办法，否定了此前的移苗法等错误方法，带领工作队人员和当地小孩儿童下田试验，探索出适合秧田的防虫办法，效果显著。

组织互助组。土改后仍有不少农民由于生活困难、耕作不便将土地出租或出课，农村出现贫富两极分化现象。1952年8月，全境农民响应党的号召，组织临时互助组233个，常年互助组25个，入组农户1551户，占农户总数的54.8%，1953年9月，常年互助组增加至225个，入组农民1804户，占总数70%。②

兴修水利。成立专门的水利委员会，组织村民建坝修堤，灌溉田地。

土地改革废除了地主阶级统治，解放了农村生产力，农民生活得到明显改善，农民把得到的果实投入再生产中，极大地促进了农业生产，1953年，浦源全境内粮食总额达到2871吨③，粮食产量逐年提高，有力地促进了浦源地区的经济发展。

2. 建立健全了基层民主专政

1949年以前，浦源境内均设保并隶属于周敦镇公所管辖（除龙亭乡），1949年以后保甲制度才得以废除。浦源地区的民主建政是紧密结合土改结

---

① 周宁县浦源区委员会：《浦源乡一星期生产情况》，福建省周宁县档案馆藏档，馆藏号：63-1-23。
② 周宁县浦源镇志编纂委员会编：《浦源镇志》，福建美术出版社2015年版，第158页。
③ 周宁县浦源镇志编纂委员会编：《浦源镇志》，福建美术出版社2015年版，第158页。

束工作进行的。浦源乡在结束一期土改后,便着手建立人民代表大会,首先在农代会基础上召开小组长、民兵青年团员、乡干部等会议,以及各村群众大会,大力展开宣传人代会的意义、权力、统一战线,提高群众的阶级觉悟,以号召农民应团结各阶层人民行动起来。经过动员,原有干部一些怕落选、丢脸的顾虑被扭转,一般群众要求政治翻身的情绪很高,妇女郑旺杏激动地说:"我们女的也可以当选人民代表自己做主来管全乡的大事了。"① 之后,由干部成员到各村召开群众会,提出成为代表的具体条件,在正式选举时则由群众投票或从群众中挑选出一人写票,再由群众个别提候选人,以保证选举的公正性,最后每十户产生一个人民代表。在选举产生的人民代表中,农民代表占70%,妇女占15%,民兵占5%,其余青年团员、教员及商人各占2%,医生、军烈家属各占一个名额。② 1951年8月20日,浦源乡正式召开人民代表大会,由人民代表大会选举乡政府主席、副主席和乡政委员。

继浦源乡进行民主建政工作后,浦源地区其他乡也建立了基层民主政权,1951年10月,境内6个乡共选出乡长和乡政委员84人,乡政府下设民政、财经、治安、检查、文教、优抚和调解委员会,由土地改革中积极分子担任乡政委员。③ 经过民主建政,农民的政治地位和社会地位得到承认,在基层政权中占有绝对比例,青年团、妇女会等组织也得到了很大发展,1952—1953年,境内8个乡相继建立中国新民主主义青年团支部,一区妇联会成立后,境内8个乡相继成立妇女会。总的来说,此次民主建政工作为日后浦源的基层政权建设奠定了必要基础,1953年浦源进行第一次普选,至1954年3月,境内8个乡普选工作全部结束。

3.改变了传统乡村的权力关系

浦源宗族历史悠久,以郑氏宗族为大户,根据族谱中的记录,浦源郑氏来

---

① 周宁县浦源区委员会:《浦源乡(五日至二十日)十五天来工作汇报》,福建省周宁县档案馆藏档,馆藏号:63-1-23。

② 周宁县浦源区委员会:《浦源乡(五日至二十日)十五天来工作汇报》,福建省周宁县档案馆藏档,馆藏号:63-1-23。

③ 周宁县浦源镇志编纂委员会编:《浦源镇志》,福建美术出版社2015年版,第316页。

源于荥阳郑氏，他们以荥阳为郡望，浦源郑氏《中楼族谱》中载："郑氏原谱则出自少昊、黄帝之后，帝喾十五世孙周文王昌十四世孙姬姓名友，谥曰桓公，乃厉王之子，宣王之弟，封于郑，为伯爵，因地为姓。"而浦源郑氏家族自郑庠少子昭入闽居福州后，历十二世至郑满，郑满为浦源郑氏始祖郑尚之七世祖。郑氏宗族自800多年的发展历程以来，一直主导着地区内的事务大权，并且在当地各种的民间信仰活动中扮演着重要角色。

新中国成立后，随着地主阶级被打倒和基层党政组织在各地的广泛建立，传统的宗族关系也开始瓦解。1950年的《中华人民共和国土地改革法》中第三条规定："征收祠堂、庙宇、寺院、教堂、学校和团体在农村中的土地及其他公地。"[1]祠堂作为宗族权力的象征被予以征收，标志着其祭祀功能的淡化，对宗族制度的瓦解起到重要作用。而从整个土改的过程可以看出，传统意义上的精英不仅在运动中被剥夺了土地和财产，更重要的是失去了政治权力和社会地位，他们开始全面退出乡村社会的中心位置。土地改革后，"刚性的阶级关系取代血缘、地缘关系，成为乡村社会新型等级秩序的根本标准"，[2]由于"以阶级斗争为纲"的路线要求，过去以血缘、宗族为纽带的权力关系网络被改变，明确阶级划分的宣传动员开始取代各种旧关系、旧矛盾和旧冲突，也就是说，各地的政治社会关系开始被纳入统一的国家体制当中。同时对于底层民众来说，除了获得土地等财产，一些积极分子、农民、青年学生通过土改进入干部队伍中，政治地位得以提高，真正拥有了"在政治上翻身与当家做主的感受"，"而这种政治地位和社会心理的巨大变化，正是土改的真正意义所在"。[3]

---

[1] 中国社会科学院、中央档案馆编：《中华人民共和国经济档案资料选编(1949-1952)——农村经济体制卷》，社会科学文献出版社1992年版，第78页。

[2] 李里峰：《经济的"土改"与政治的"土改"——关于土地改革历史意义的再思考》，《安徽史学》2008年第2期。

[3] 吴毅：《从革命到后革命：一个村庄政治运动的历史轨迹——兼论阶级话语对于历史的建构》，《学习与探索》2003年第2期。

(二)存在的问题及原因

土地改革的成就是巨大的,给乡村社会带来了巨大的变化,但是由于主客观条件限制,土改过程中还是出现了一些问题。

1. 发动群众不充分,农民认识不清

土改后,农民的阶级界限尚模糊,例如雇农郑立顺"不知什么叫地主",工作组问贫农妇女叶京吉:"你和地主分家了没?"叶京吉不知道什么叫地主再去问别人,同样的问题再问贫农郑向谦时,郑向谦说:"地主的田拿来大家分,就是分家了。"① 还有的村不敢要分配的土地,潘山底村的农民就说:"(郑)有恩地主苦,田给他自己用。"② 相当部分的农民认为自己没有向地主租土地,也没有借钱,因此就不必向地主斗争了。参加组织的农民虽然不少,但大多流于形式,参加农会的农民一些为报仇,还有一些为保护自己,最多的是为了参加农会能分到更多的土地。贫农郑对生说:"参加农会,所以分田。"③ 可见农民并没有对土改产生深刻的认识。另外,许多群众对政策并不了解,一些群众认为共产党的土地政策与此前国民党相同,所以许多农民怕交不起公粮,亩数高的农民就讲:"宁可放弃(分田),免得交粮受亏。"另外,农民认为划分阶级成分的目的是区分贫富差别,而不是为了划清敌我界限,如贫农郑林蒲说:"我是贫农,应分粮食,否则我是贫农,干啥用!"④ 还有的农民对分田存在顾虑,松旁亭村的龚陈清说:"我这茶叶不好,面积把我量小些。"⑤ 有些农民认为田埂没有收益,因此在丈量土地时不愿意把田埂包括在内。农民的种种错误思想丛生,阻碍了土改工作的顺利进行。

---

① 周宁县浦源区委员会:《周宁县第一区浦源乡土改检查总结》,福建省周宁县档案馆藏档,馆藏号:63-1-23。
② 周宁县浦源区委员会:《周宁县第一区浦源乡土改检查总结》,福建省周宁县档案馆藏档,馆藏号:63-1-23。
③ 周宁县浦源区委员会:《浦源乡土改工作检查总结》,福建省周宁县档案馆藏档,馆藏号:63-1-23。
④ 周宁县浦源区委员会:《浦源乡土改工作检查总结》,福建省周宁县档案馆藏档,馆藏号:63-1-23。
⑤ 周宁县浦源区委员会:《浦源乡十七至二十六日十天工作会报》,福建省周宁县档案馆藏档,馆藏号:63-1-23。

2. 干部行为不纯，思想作风不深入

浦源乡的干部问题在整个浦源地区是较为严重的，农会、乡政组织内部不纯洁，领导干部中混杂了大部伪成分，伪人员和不劳动的群众。典型的有乡主席郑祖波属于贫农，但不积极劳动，当乡主席后，行政贪污，不为农民讲话，导致群众非常不满，乡协主席肖向弥为贫农，曾当伪甲长五年，参加过同善社组织并为头目，土改中歇业工作，而且不敢斗争，自私自利；农协委员周敦长也曾参加同善社和大刀会，土改中袒护亲友，威胁群众，和地主不分家和反革命分子换工[①]……

领导干部在土改中不能运用群众力量，照顾贫雇农利益，常常包办工作，这一点明显地表现出征收和分配工作中。据了解，浦源工作队日夜辛辛苦苦地忙了25天，登记4次，均告失败[②]。分配土地时单纯由干部一方评定并予以公布，引发群众不满，许多干部都多分田或分到了好田，前所述农协主任肖向弥，家里6口人，分到11.1亩土地，每人谷子多收了5石；郑奶衩家中8口人，分到土地11.33亩，均为上等田，收益量比一般户每人多分7石[③]，大多数的农协干部、委员都分到质量较好、产量较高的土地。不仅如此，干部多包庇或袒护亲友，与干部有关系的群众一般也能分到质量较好的田地，如郑林题和农协委员周敦长是兄弟，一家四口人故都分到上等好田[④]。

干部在思想作风方面也存在错误思想，行政命令往往压倒群众，分配土地时农协委员周敦长在群众会上说："分土地，不容易，分给你们石头也好，山地也好都得要，何况你们过去一点土地有也没有。"又说："土改干部给了九条，剩下一条（指分配）给群众来造业可以，所以分配下去，谁反映，以破坏土改

---

① 周宁县浦源区委员会：《浦源乡土改工作检查总结》，福建省周宁县档案馆藏档，馆藏号：63-1-23。
② 周宁县浦源区委员会：《浦源乡工作干部思想作风》，福建省周宁县档案馆藏档，馆藏号：63-1-23。
③ 周宁县浦源区委员会：《浦源乡土改工作检查总结》，福建省周宁县档案馆藏档，馆藏号：63-1-23。
④ 周宁县浦源区委员会：《浦源乡土改工作检查总结》，福建省周宁县档案馆藏档，馆藏号：63-1-23。

论，把反映人名字记下来，送去教育。"① 如此一来，群众总是不敢说话，直接导致了土改政策的落实和工作的正确开展受到影响。浦源"全乡二十个干部中有十个不纯分子，掌握大权，同时在浦源村的十六个干部中有十一个住在一条街道上"，"群众反映干部都是街上人当，田也是街上人好"，② 由此说明了干部没有发动培养真正的贫雇农出来当家做主，工作有待深入。

3. 团结中农不够，侵犯中农利益

在土改后，一方面，中农在各级组织领导中名额较少，20个乡干部中只有中农3个，24户代表中中农也只占3个，另一方面，中农常常受到排斥，浦源乡中农郑奶火当了一天小组长，农协副主席就说："中农，不兴行，再选！"遂把郑奶火的职位撤销，在分配土地时，贫雇农说："中农生活好，资料足，一定要少分田"，"把中农的谷子打进去，多的拿出来"。③ 因而导致在土改过程中，侵犯中农利益的事例时有发生，这些都说明了对中农思想的排斥十分严重。

笔者认为，出现上述问题的主要原因有：

客观上，首先，本乡地主操纵土地的情况虽不严重，但地主阶级常常对农民施以假仁假义的恩惠，以麻痹农民的思想。浦源土改工作队回忆："地主郑慕陶利用开店铺，白天黑夜皆聚集了许多农民说说笑笑，更惯用破衣、烂裤收买人心，所以同情慕陶的人特别多。"④ 其次，浦源地区地处山区，浦源乡土地多系山地，虽然有一小部分平地，但其地形错落不一，无一不有，一旦丈量不全或领导不强，就容易造成抽补不准确，再加上时间有限，急于求快，导致整体结果出现偏差。例如，在初期土改中，由于掌握抽补分配的材料不够，曾发生了300余户认为分配不公要求重新分田的情况。

---

① 周宁县浦源区委员会：《浦源乡土改工作检查总结》，福建省周宁县档案馆藏档，馆藏号：63-1-23。
② 周宁县浦源区委员会：《浦源乡土改工作检查总结》，福建省周宁县档案馆藏档，馆藏号：63-1-23。
③ 周宁县浦源区委员会：《浦源乡土改工作检查总结》，福建省周宁县档案馆藏档，馆藏号：63-1-23。
④ 周宁县浦源区委员会：《浦源乡土改工作检查总结》，福建省周宁县档案馆藏档，馆藏号：63-1-23。

主观上，由于本次浦源土改中发展的新干部较多，对政策不是很熟悉，缺少工作经验，对工作的认识大多停留于表面，没有具体的实施办法。笔者认为，干部多满足于表面工作的效果，而不能掌握乡村中的真实情况，并且没有真正把群众发动起来，而是满足于对积极分子的培养。所以整个土改中只看到干部的作用，而不能显示出广大人民群众的力量。干部思想上对总路线、土改政策的贯彻还不够明确，尤其是对贫雇农的态度不正确，认为贫雇农不利于土改进程、不好发动，因而对贫雇农的政治培养不够，无法从根本上贫雇农团结贫雇农力量。相反，对地主等需要斗争的分子，认为使他们变穷就可以了，没有上升到阶级对抗的意识，由此工作大多流于表面。再加上组织内个别不纯干部影响，土改运动出现了一定的偏差。

综上，新中国成立初的浦源地区土地占有不平衡，占农村少数人口的地主占有大量土地，通过出租或兼并土地以及高利贷的方式获得利益，广大底层农民长期处于被剥削被压迫的地位。并且，自清末民国以来浦源地区的匪患侵扰频繁，同善社大刀会活动猖獗，屡禁不止，再加上大量地主恶霸等反革命分子的日常威胁，给当地社会增加了诸多不稳定因素，影响农民正常生活，农业生产水平下降。

伴随着中央和省委土地改革的展开，浦源地区通过宣传动员、划分阶级、征收和分配土地、土地复查并颁发土地证几个阶段，将封建土地私有制变为农民土地平均土地所有制，农民的生产积极性被激发，从根本上解放了农村生产力，农业产量随之获得提高，农民生活日益改善。土改不仅给反革命分子以沉重打击，还初步建立了浦源地区农村的基层组织，通过农代会选举优秀积极分子和干部，贫雇农等底层民众真正成为农村政权的支柱，实现当家做主，从而有力地推动了人民民主政权的建设工作。

土地改革后，地主阶级被打倒和基层党政组织在各地的广泛建立，标志着传统的宗族关系开始瓦解。传统意义上的精英不仅在运动中被剥夺了土地和财产，更重要的是失去了政治权力和社会地位，他们开始全面退出乡村社会的中心位置，同时过去以血缘、宗族为纽带的权力关系网络被改变，取而代之的是明确的阶级划分和阶级意识。由于许多干部对土改政策的不了解,内部组织的不纯洁,浦源在土改初期出现了一些错误和偏差,干部包庇地主、多占果实,农民阶级意识模糊对地主斗争尚存疑虑,对待中农不够团结等,但通过后期的整顿组织和土地复查,部分问题已得到改善,农民的阶级觉悟和思想觉悟都有了明显提高。

新中国成立初的土地改革是一场深刻的农村社会变革,较之之前民主革命时期的土地改革都有所不同,以阶级划分为标准,使我国农村的政治、经济、社会等各方面都发生了巨大改变,为新中国成立初经济的发展提供了有力保障,对于我国农村近几十年的社会结构和社会生活都有深刻的意义和影响。

村治

乡村治理的一个切面

许荣泽　吴泽乾

旅游开发实际上是利益相关者之间分配资源与利益的过程,是各利益相关者通过交易,协调利益让渡和责任分担的博弈过程,浦源村也不例外。在旅游开发过程中,会涉及众多利益相关者,包括政府、开发商、村民、旅游者、专家、媒体和民间社团等,这些利益主体各自有着错综复杂的利益诉求,利益冲突也日渐凸显。实践小组试图厘清开发过程中政府与村民的具体矛盾,找出矛盾产生的原因,并尝试给出解决方案。

浦源村鲤鱼溪畔古民居（周宁县宣传部 供图）

村治 | 乡村治理的一个切面

一、鲤鱼溪旅游开发中的乡村现状

福建省宁德市周宁县，位于福建东北部，北接浙江，东面台湾海峡，境内多山地丘陵。受此地形地势影响，虽处富庶东南沿海，一则海路不盛，二则陆路狭限，周宁县发展活力严重受限，再加上平原缺乏，传统农业耕作也难以开展。周宁县给人的整体观感，是比较贫穷，尤以偏西部乡村为重。

浦源村古民居一角（周宁县宣传部 供图）

浦源村位于周宁县西部,深处闽地群山环绕境地。浦源历史悠久,先民在此已形成传统。该村落内有一处鲤鱼溪景区,数百年来文化传承不断,郑氏宗祠香火不绝,是为孤村偏处较少几处热闹的地方。据了解,浦源村住着800多户人家,是800年前从河南荥阳迁徙而来的郑氏后裔。"中华奇观"鲤鱼溪源自海拔1448米的紫云双笔峰麓,沿途汇集九条山涧,奔突疾驰,一路自西向东顺势而下,至一马平川的浦源村口时流速顿减,于是形成了一条五弯六曲,长里许,宽丈余,深不足一米的溪流,贯村而过。而现今沿溪而居的村民也多开小店招揽往来游客谋生,以致主业。

在游客看来,鲤鱼又大又多,而在上了年纪的村民眼里,远不及早先鲤鱼之大之多(周宁县宣传部 供图)

浦源村八卦古民居鳞次栉比,沿鲤鱼溪两岸次第铺开。当地政府为维护古村落原貌,进一步开发鲤鱼溪旅游景区,腾出一些原汁原味古朴风貌的传统文化民居,略加修缮,以供游览。古民居巷子深处很多屋宇却已破落不堪,朽木枯黑，浮梁垂横，蛛网遍角，与古民居建筑群外围成片的新式混凝土民居形成鲜明对比。

溪边有石砌小道，行人过客借此穿梭，零星几家小店均为村民所支撑，或农村饮食，或普通零食，更多的是供游客投撒喂食鲤鱼的饵料。溪道不长，店铺不多，也在情理之中。再沿小路上去，便渐远离当今人鱼共居的盛景，一边的新楼鳞次，一边是溪水上溯至深处，倒愈宽大，既无法近观，也不能久远伫立，真正的鲤鱼区景观，便只在那一小段距离，而当地基层矛盾最为隐蔽且最为激烈的地方，也在那一小段。

当初踏此地，置身鲤鱼区内，见溪内鲤鱼翻腾，游客投食喂影，有乐有笑，村民阴凉处歇息，店主拿着摇扇等着客人光顾，若有熟识者，便不免拉住，摆出凳椅，闲话家常。若想深入了解，还可进入祠堂，拜访庙观，听长者给你讲一番各种由来与渊源，不禁觉有长进，更可漫步荷花塘，听风赏荷，值此一行。但这只是一个朴素游客、外来者的理想观感，部分村民的苦衷，远远无法察觉。

我们观察发现，鲤鱼溪景区内的浦源村村民，青壮年极少见到，多为老弱妇孺，或蹒跚学步，或驻足观望。这不难解释，由于地狭人多，加上传统农业已渐渐扛不住外出务工带来的收入压力，留居耕种的青壮年越来越少，纷纷外出务工，这不仅仅是浦源一村，不仅仅是福建一处，全国范围内此种现象并不少见。

留居的老弱中，女性又较之于男性更多，其中小店铺店主，也多为上了年纪的女性，甚至有外地的来此开店谋生，但多与本地村民有婚姻关系，迁居来此。当地村民的态度，不显得那么和善，也没有多么冷漠，他们只是看着不熟识的远方来客，没有把破坏他们原先无人打扰的生活状态的不满显露于表面，也没有对开发旅游景区带来的人流与消费加以深思熟虑，正如拜访中国任何一处偏僻的村落，村民都是这种样貌，不过在浦源村民看来，这倒习以为常了。若加以估算，旺季游客的人流量绝对大大超过景区内村民数量，淡季可与之相当，街道过巷，鲜有行人，鲜有青壮，鲜有男性老者。

二、旅游开发过程中的矛盾冲突

鲤鱼溪景区内浦源村村民与政府的矛盾主要集中在宅基地审批、旅游开发补偿与分红、政府执法等方面。

一些古民居用于旅游开发，原来的居民需要另挪他住。在这个过程中，出现了一些矛盾。在访谈中，被提及最多的是宅基地的审批。一边是政府为旅游开发计让一些村民挪出古屋，另一边却是旅游开发、土地管理部门为保护鲤鱼区景区外围不受过多建筑影响，严格审批，加上周围土地在20世纪80年代早已审批殆尽，几无地可用，甚至让在建新楼停止修建，理由是审批未过，再建违法。由此两下相夹击，有村民陷入老屋不能住、新屋建不了而只能挤在庙观的困境。几位老年妇女说起这些时情绪激动，声泪俱下。而同样的问题，我们又询问一些在亭榭歇凉看起来与世无争与此不相关的村民老者，他们多是以前外出务工，如今年老归家，落定也不过一两年者，细问一些具体问题，不得尽知，只从他们口风，对政府却还满意，只是基层尚有一些不足之处，但不影响大局，他们乐见游客，人来人往。

在旅游开发补偿与分红上，包括为开辟荷花塘对村民承包耕地的补偿、旅游门票收益等，均不可细考。该景区门票每位60元，相对来说比较高。鲤鱼溪景区开发应会给当地带来一些收入，其中包括消费流水、门票收入等，对于原先便居住在景区的村民来说，生活应会有所改观。但我们访谈的部分村民对旅游开发补偿并不满意，他们认为在经济利益上没有实际收获。而为维护旅游景区的精神面貌，旅游局与当地政府出台多项禁令，规范景区内村民的一些活动，比如晒衣服、晒谷物，因为要维护面貌，也不让放外面晒，甚至出现暴力执法等现象。村民处在景区中心，旅游开发改造、打乱了他们原先的生活区域，一些矛盾由此而产生。政府认为正常无私利而实行的措施，在一些村民口中成了苛政。鲤鱼溪下游的荷塘，占地广大，多从原先的耕田所改，但细下查看，也见一些支角片落仍有水稻种植，与荷花格格不入。问及征用耕地补贴，都答甚少。另外远处的农作物种植，村民也透露是花架子而已，拉大棚骗补贴，实际却并没有种植任何东西。虚虚实实，真真假假，难以理清。

在鲤鱼溪景区这块不大的地方，浦源村部分村民早先傍溪为生，但随着先后有外出务工大潮、旅游开发政策等，早已打乱其生活原态。在宅基地审批、旅游开发等方面的矛盾，宅基地与新房旧屋取舍尤为激烈，毕竟这涉及了利益相关者的安身之本。如果单从他们的表述来看，政府早已失去公信力，他们难免咒骂痛斥，眼泪扑簌簌直下。而作为弱势的一方，受伤的村民自身是否存在过错？由于村里青壮年大多去大城市务工，留居在村内的老弱居多，相对而言，这些留下的老年村民法律意识不强，三观价值根深蒂固，无法改变，也无从改变，即使政府善意地与其沟通，涉及向公共利益让步等事项，也存在诸多困难，他们一般先入为主地给政府贴上变相贪腐的标签，自视看透，政府只要存在不当之处，便更加深信不疑，这确实是两方沟通的一大障碍。

当问及这些村民是否寻求过法律帮助，他们都不知法律，在他们的人情世界里，似乎仍然是天子庙堂，夫子田野，自古以来都只能在基层政府治下委曲求全，毫无反抗之路。他们毫无例外地深信，与其对抗，不如投降，因为前者的代价会无比巨大，即使赢了一时，也赢不了全局，在他们立足之地，他们断无保障。

问及有无联合上诉反映情况，但支持者极少，有共同诉求的更少。一方面青壮不在，自身行动不便，对各种制度也缺乏了解，难度极大，另一方面因乡村分离严重，村与村之间，村里户与户之间，早已没有原先的互相协调、联系。这很大程度上是由外出务工、农村经济状况造成的，农业对于部分村民来说，早就无关紧要，他们很早便出去打工，辛苦几十年，在老家拼下一栋新房，享受天伦之后，对于儿孙后代，有读书潜力的便拼力送进大学，没有的则又送出去打工，一代接一代，在那些新建的混凝土层楼之间，隔膜也随着楼房的高度在加深。个别村民的事，难以得到他人有力的支持。

矛盾的起因，除了因为双方各自存在的不足，一般就是缺乏沟通或者沟通不良。鲤鱼溪景区内的浦源村村民，对当地政府抱有极端不满态度的只是少数人，他们与第三方进行交流的过程中，难免有过分夸大之嫌，加上认识局限，若不另从其他渠道获知，只会偏听则暗。

三、基层治理的一些思考

从政府这个角度来说，必须纠正自身执法行为，摆正角色，积极作为，积极解决问题，而非拖延应付、无限期搁置，否则只会积重难返。中央政府全面推进依法治国，基层政府在诸如执法、司法等方面，仍有较多不规范的地方。青壮劳力纷纷出走，空巢现象日益加剧，这对乡村生态的破坏性影响也在逐渐加剧。对于鲤鱼溪景区内的浦源村村民而言，还需要当地政府对此进行有效的引导和管理。在宅基地审批、古民居的修缮、景区日常管理等方面都需要各部门联合出台统一的政策，并做好相关的执法工作，杜绝权力的滥用。在旅游开发上，政府仍需作长远打算，合理决策。比如鲤鱼溪下游的荷花塘，是该景区内不得不去的一处盛景，而上游恰好有一幅油画描绘了荷塘景象，光彩夺目。听到有游客说，可以荷花塘为主题发展出附加产业，比如做文创产品等，借以增加消费，适当增加当地村民的收入。但纵观整个景区，只有单一的自然景观，只有单一的门票收入和零星的微乎其微的小摊小贩收入。上游那幅油画为一画室展出，本想吸引游客，但应者寥寥。画室主人谈道，政府无论在该旅游景区的基础设施建设还是多样化的领域开发的举措上面，都没有做到位，这样一来，游客不想来，即使来了，也只是匆匆一眼，作用不大。可见，政府在实际上的旅游开发方面，并没有很好地展开思路，取得的效果有限。而收入问题，可谓是诸多问题的核心，倘若政府不能使得村民真正受益，任何措施也是于事无补。

从村民自身角度来说，首在便是转变惯性的思维，重视法律。村民一旦形成惯性思维，便很难改变，极大地制约政府行政的有效开展，束缚政策的有效推行。村民思维的局限，极大地增加了沟通成本，这样的固执己见，只会恶化且难以改善。而取代村民这种惯性思维，只能是法律，唯法以自明，这便也要求政府做好普法的工作，不能挟法自重。面对不断变化的政府政策，一些在变化之中思维保守、不能及时跟进的村民，便吃了亏，但绝不能把这种损失一股脑推卸到政府身上。

访谈一位开小店的老妇时，我们听她诉说悲惨经历，但问及是否寻求上访、诉讼等途径时，从她的表情来看，恐怕是第一次听说这几个字。在上了年纪的村民眼里，与政府打交道，从来都是单线对抗，无法诉求他者，这与古代并无不同，所以，即使遇事，在当前的法治时代，他们也绝对不会想到走法律途径。当然，考虑到官司成本与时间成本，他们可能有所预感而不愿意求之于法，但是，这并不能证明基层不能适用法律，反而说明法律在基层仍存在很大的作为空间。只有加强村民法律意识、加强基层法治，基层治理才能跟上国家治理的步伐，做到协调一致。不仅仅是该景区内浦源村村民如此，在全国不少乡村，基层法治仍是最为薄弱的一环。村民的观念亟待加强，必须深刻认识到法律武器的作用。

从双方沟通的角度来看，第三方的角色扮演呼之欲出。这里的第三方，既可以帮助增强村民的声音，平衡与政府的不协调对抗，也可以以一个客观公正的中间人身份，在村民与政府之间做到有效的沟通，打消村民的猜忌，破除政府内贪腐分子的邪念，以公允之姿试图修复双方关系。至少在政策制度层面，国家在法律上试图通过村委会、居委会这种自治组织形式来塑造一个可靠的中间人，既不然基层政府过多干涉，也纠正部分村民的认知缺陷，为所欲为。但从实际情况来看，村委会、居委会起的作用还是不够的，需要改进村委会在运作中存在的实际问题，剔除出一些怀有私心的分子，净化组织环境，更要严格立法，规范基层政府对村委的过多干预，逐渐挽回村委的形象。至少在法律上，村委会是连接村民与基层政府的合法通道，必须发挥这一通道的作用，使政令下达，释法说理，使诉请得以上求，及时回应。

鲤鱼溪下游的郑氏宗祠，建筑古老，里面供奉着郑氏先祖，也供奉着前几个世代的牌位，据了解，一年中逢重大节日，各地宗族后代都会聚集于此，但如今，宗脉血缘联系已是越来越模糊。在封建社会，这种宗脉联系是传统中国人情世界的一大支柱，由此可以源生出血缘和地缘纽带，至今在华人世界也并不少见。一个村庄的全体户丁，在很大程度上会因为宗祠联系在一起。事关宗祠的事项，多列入重大事项，并在重大场合加以讨论决定，一些事关宗祠的诉求，也在很大程度上能唤起村民共识，赢得支持。

如今随着乡村经济发展日趋衰落以及结构的转变，青壮年多外出务工。对这些长期不在村内居住的村民来说，宗祠已然少去，宗脉联系，也只体现在逢庆集会的酒桌之上，觥筹交错之后，又是得等到下一次。古代中国社会，若要想做好基层治理，单靠政府强势是断然不可长行的，而以知识分子和宗脉血缘形成的乡贤，在很长一段时间内是沟通两方的有力媒介。如今，这样的局面既不可行，也不存在。

恢复宗祠的纽带作用，可能是如此现状下的一个可行选择。居住在鲤鱼溪附近的村民，都是郑氏，虽然新时代的经济生产关系和人际交往渐渐冲淡了彼此的宗族联系，但这种血脉上的联系毕竟存在。听村里的店主说道，一到宗祠大庆，四面八方的郑氏宗族分支都会聚在此处摆宴欢庆，热闹异常。在部分郑氏宗族人眼里，宗祠仍维持了他们尚存的联系，村与村之间，户与户之间，均可以通过宗脉血亲的作用相互声援。当然，这在实际层面，是理想主义式的。城市化过程中人与人之间关系的疏离也在逐步扩散到乡野，不得不说这是基层治理的一个隐忧。但是，即使这种理想主义的路线无法实现，也可以通过探寻类似途径，在时间积累下，慢慢寻找稳固的第三方对象，这更需要相关方切实地作为。

村治 | 乡村治理的一个切面

郑氏宗祠（2007年）（崔洞南 摄 周宁县宣传部 供图）

感 悟

大学生眼中的新农村

浦源村是历史文化名村，钟灵毓秀，百年来名人辈出，宗族分支长远，分布全国各地。村内郑氏宗祠，更是蔚为大观，牌位显赫，五进之堂，尽显大族之风。宗祠内一老者，慈祥和善，为我们一行的考察解答了不少疑惑，郑氏宽谦有爱的家风族训在历史的今天，也得到了很好的传承。宗祠外鲤鱼溪、荷花塘均是吸引游客之所，该村的自然村落保护和旅游产业发展也得到一定结合，民众热情友善，既是古老传承的发扬者，又是新时代历史发展的开拓者。浦源村的未来发展，既有宗族血缘凝聚力的内在推动，也有新阶段产业起步的契机。

闽东之光实践队 11 位队员、3 位指导教师由厦门大学宁德校友会林春贵校友带路，于仙风山登高远眺浦源村地势

一、走进浦源村

肖佳琪（人文学院中文系）：这次暑期，我们实践队一行十四人来到了宁德市周宁县浦源镇浦源村，进行了为期六天的实践调研。首先，我先对本次社会实践我们小组的工作进行一个回顾：

在开始的两天，实践队的成员是集体进行实践活动的。第一天上午，大家一起乘坐公交车进入浦源村辖区，跟随带队老师，并通过当地行政人员的指引、介绍，对浦源村进行大概的了解，并与村中的行政人员、村民进行访谈，对浦源村近年来的变迁进行各个方面的深入了解。第二天，我们根据前一天当地人员的介绍，对其中具有突出特点的地方进行实地调研。分别去了仙风山、仙风阁、郑氏祠堂、鲤鱼溪公园、文昌庙、天后宫等地。在仙风山顶上俯瞰，我们对浦源地区的农业分布形态和民居分布形态有了清晰的了解；郑氏祠堂中老人家的热心讲解让我们感受到了人与人之间的温暖；鲤鱼溪公园里跳跃的鲤鱼、戏水的孩子们展现了浦源村人的恬然安适……晚上，老师组织了讨论会，在讨论会上，老师让大家把白天的资料进行汇总，并鼓励大家积极发表自己的看法，同时对明天的实践活动内容进行安排。

第三天，我们进入周宁县档案局，围绕有关周宁县的地权变迁查找收集资料，其间，档案局的工作人员为我们的实践工作提供了很大的便利，在此深表谢意。第三天晚上的讨论会上，大家进行了分工，实践队分成五个小组分别从家族、家风、宗教、生态、地权等方面来进一步开展调研工作。在分组中，我们小组主要负责的是浦源村生态方面的工作，所以我们着重调研了与农业生态、自然生态、人文生态相关的内容。

实践队在郑氏宗祠与浦源村支书合照

第四天，我们小组再次进入鲤鱼溪公园，并对鲤鱼溪公园中的八景建设展开调研，并对景点进行文字和图片的资料收集，同时，我们还与居住在鲤鱼溪公园中的村民那里了解了鲤鱼溪公园中各个景点的建设时间和有关鲤鱼溪的神话传说。晚上，老师在听完各个小组的资料汇总和当天的调研内容之后，分别对我们的工作安排和调研方向定位进行了指导。

第五天，我们小组去位于鲤鱼溪上游的开发区，那里人烟稀少、景色秀丽，是浦源村新的旅游生态建设点，我们对开发区中具有特色的景点进行了图片收集。晚上，我们对这几天收集的相关资料进行分类整理，同时老师也对我们这次实践做了一个总结。

第六天，我们在做完资料汇总之后踏上了返程之路。

这次社会实践给了我走进乡村、了解乡村的机会，也让我对老师在课堂上所说的田野工作有了更为深入和具象的认识，在与人访谈的过程中也锻炼了自己的交际能力，在与实践队成员的配合、协作中建立了深厚而珍贵的友谊，也让我发现了自己的不足，并从身边的老师和同学身上学到了很多我所缺失的能力和品质。

在这次实践中，我学习到了两个重要的道理：其一是协作，在祠堂的时候，为了收集图片资料，我们的同学需要站到凳子上才能把文字拍得清晰，而站在地面的同学就要随时注意凳子是否稳固，并在凳子上的同学进行完一次拍摄之后移动凳子，这就体现了我们之间的配合，这种配合渗透在我们这次社会实践当中，为我们社会实践的圆满完成奠定了基础，人与人之间只有互相配合、协作，才能达到事半功倍的效果。其二是要有效率地完成自己的工作，因为在一个像社会实践这样的集体活动中，工作经常是环环相扣的，前一个人是否按时完成会影响到后面同学的完成时间和质量，所以一个集体活动的圆满完成需要大家共同的努力，每个人都按时保质保量地完成自己的工作是一个负责任的人应该有的行为。

申轩宇（管理学院工商管理大类）：作为在北方长大的孩子，我第一次走进宗祠，怀着敬畏的心，去感受宗族繁衍的生生不息，第一次亲眼见到土石堆砌的房屋，亲身品味古村落的原汁原味……

在这次社会实践中，给我印象最深的莫过于浦源村的鲤鱼文化，由于正值浦源镇举行民俗文化节，我们有幸参观了浦源村独特的鱼葬礼俗。相传南宋嘉定年间，郑氏一支躲避战乱，被浦源村秀美的风光、清澈的溪流所打动，于是在这里傍溪建村，逐溪而居，这条溪流便成了郑氏子孙延绵的生命之河。为了防止水源被污染，在溪中放养了五颜六色的鲤鱼。从此之后这些鲤鱼便成了村庄饮用水的守护神，浦源村人对鲤鱼心怀感恩，对它们关爱备至，郑氏祖先还立下家规，要求族人不得捕捞和杀害鲤鱼。村民们订立村规民约护鱼，建鱼冢尊鱼、举行鱼祭敬鱼。传说郑氏祖先有着超乎常人的灵感智慧和神灵意识，他们把图腾观念与人类对神灵的崇拜巧妙地联系起来，将溪中鲤鱼羽化为神鱼，借神灵之力教化人们爱护"神鱼"，尊崇"神鱼"，任何人捕杀都会受到神的惩罚；当鲤鱼自然死亡，村人认为鲤鱼升天了，由村里德高望重的老人组织仪仗队将其护送到鱼冢安葬，举行鱼祭。点香、燃炬、焚钱、放鞭炮，还要举行拜读祭文等一系列隆重祭奠仪式。此外，浦源村民们还有"武术护鱼""闭关护鱼"等护鱼十三略。

浦源村的鱼祭使我感受到我们深埋于骨髓中的图腾文化，类似于西方的宗教信仰，在当今"韩流"、偶像崇拜等亚文化盛行的时代，我们不应失去那些根植在我们血脉中的传统文化信仰，应该努力重视和保护有特色的民间信仰习俗，并将其向外推广。

通过这次实践，我们学会了用村民的说话方式、行为习惯和他们拉家常、打交道，以此收集一手资料，倾听当地村民们的信仰理解。尽管经过对浦源村环境、经济、交通、建筑等基本情况的初步了解后，我们便分头行动，从单方面着手，深入探访浦源村的文化奥秘，但是每晚的汇报讨论，我都受益良多，这是一次最真实的社会实践经历。

吴泽乾（人文学院历史系）：浦源村是历史文化名村，钟灵毓秀，百年来名人辈出，宗族分支长远，分布全国各地。村内郑氏宗祠，更是蔚为大观，牌位显赫，五进之堂，尽显大族之风。宗祠内一老者，慈祥和善，为我们一行的考察解答了不少疑惑，郑氏宽谦有爱的家风族训在今天也得到了很好的传承。宗祠外鲤鱼溪、荷花塘均是吸引游客之所，该村的自然村落保护和旅游产业发展也得到一定结合，民众热情友善，既是古老传承的发扬者，又是新时代历史发展的开拓者。浦源村的未来发展，既有宗族血缘凝聚力的内在推动，也有新阶段产业起步的契机。

访村期间，游客并不算多，沿鲤鱼溪只有零星几家店铺，下游一片碧绿的荷花塘倒是生动，其实还称得上静谧，与周围庙门也呼应。我们一行先后察排宗祠、记碑录字、翻拍族谱……几天下来，基本完成了预期计划。

当然，在走访过程中，也发现一些矛盾，包括土地纠纷、旅游开发利益分配纠纷等，在个别村民间，激起了较大愤怒，这都有待于村民与政府的进一步沟通，相信问题会得到很好的解决。而在浦源村旅游开发的规划上，当地政府仍需作长远打算，合理决策。

通过此次村落考察，深入村落鲜活而普通的面孔与斑驳而厚重的历史古迹中，在增益见识、拓宽视野的同时，我们也深入体察了其实发生在中国最普通民众之间的质朴真情，走出书斋进入实际而深刻的基层，是一举多得的事情。

二、实践的方法与方法的实践

曾莹（人文学院人类学系）：我们的实践地点是福建省宁德市周宁县的浦源村，深入实地进行田野考察，对当地有了一个初步的认识，也对"田野考察"这一重要的方法有了更明晰的认知，从仅仅是课堂所学的理论知识到有了具体的亲身实践，虽然这次所参与的田野是更偏向历史学的田野，但是它与人类学的田野也有很多的相似之处，例如都需要进行访谈，因此这一次的实践也使我对自己的专业也有了更深刻而且更明白的认识。

这一次的实践也反映出了自己的很多不足，比如在实践中经常需要对当地人进行访谈，可是自己比较放不开，更多的时候都是在听同伴或是老师们的访谈，而自己很少单独去和他们交流，这一方面是性格的原因，另外一个方面是一开始对自己所要做的主题不明确，不知道要问什么。现在认识到自己的这些不足，将来会努力加以改进，所学专业明年暑期的实习也是田野工作，希望在明年的实习中能够改变这些不足。

最后选定的主题是关于浦源村中人数最多的郑氏家族的百年变迁，在对浦源郑氏宗祠、郑氏族谱的考察及在当地的走访调查的基础上，初步描绘出郑氏祠堂概况，以及郑氏族谱的现状、修谱情况、主要内容和保存与使用方式，并解读其中反映出的家族来源、家族形成、当代的家族认同等信息，最后，围绕郑氏家族与浦源村，了解到了鲤鱼溪的文化传统与风俗、郑氏家族的相关传说故事、郑氏家族与民间信仰和地方社会治理等几个问题，并进行了分析。在写作实践报告的时候，我阅读了许多相关文献资料，查找、阅读与分析资料的能力得到了很大提升；在实践的过程中，分工合作是少不了的，在这次实践中大家默契地配合，也使实践任务得以高效率的完成。

黄旭辰（人文学院历史系）：短期的调查，如何快速融入当地社会？

我们做社会调查，必须和本地人做朋友，从他们身上获得资料。直接走进村子，四处转转然后离开，这种做法更像是旅游而不是有深度的调查。可行的办法之一，是通过与政府对接，以此为契机，先对实践地点有总体的认识。政府部门一般会有人安排接待，可以向我们介绍一些关于村子行政区划、人口构成、村社历史的基本情况。更有价值的是，政府部门自身对村子做的调查，这包括社会、经济、文化等较为宏观的内容。

有了政府人员的引荐，我们可以逐步同村里的长老、有名望的人进行接触。由于各个家庭的受教育情况不同，某些家境较好、文化程度较高的老人非常适合作为了解情况的对象。

此外，像村一级的干部，掌握了部分文献材料，可以适当接触已获得相关材料。村里的普通村民，可能对村中事务参与度不高，本身对情况不太了解，则不必纠缠于他们的描述，而是通过他们对已有的概念和印象进行评价。换言之，作为一个参考，判断所掌握的情况其可信度几何。

调查可获得的材料分为两种，一是访谈所得的口述材料，二是村里可见的文字材料。因为我是学历史的，所以对文字材料更加敏感。厦门大学历史系郑振满老师有一句话："进村找庙，进庙找碑。"这是第一步，首先搜集足够的、可依靠的文字材料作为分析基础。某些碑刻，比如我们在鲤鱼溪边发现的陈圣母庙碑，离通天圣母庙本身距离较远，保存状况相较于同时代的碑刻来说好得多，也就不免产生疑问。信息采集其实是相当基础的，真正有意义的是如何对文字进行解读。这需要扎实的背景知识，同时还有材料相互参照的能力。背景知识是关于当地乃至区域在历史中的形象，总之是对该区域的历史情况比较熟悉，赋予一个普遍性。

其次，结合当地的文献材料，寻找特殊性。比如，通过梳理文昌阁、通天圣母庙、林公宫这三处的碑刻，我们发现郑氏家族在当地有很强的影响力。

这在明清时期的华南地区是相当常见的。而浦源村有一个特性，即处于闽东地区，有崇拜林公大王的信仰，体现了畲族和汉族文化结合的一些特征。

最后，谈一下实践者的心态。简单来说，积极而有耐心。积极，就是勤于思考，见到村子里的一些现象善于提出问题。因为需要从村民口中得到信息，所以提问时需要一定技巧，也要有一定的目的性，否则得到的信息就失去作用。有耐心，是指应当经得住时间的考验。一开始来到村子会感到迷茫，不知所措、无所适从，也想不到有什么值得调查的。唯有在村子里待到一定时间、和村民混熟，看出一些重复出现的现象或规律后，才会对村子有了一定了解。此时再去做访谈、找资料，思路会更加清晰。

实践队员在郑氏宗祠做访谈

刘安妮（公共事务学院行政管理）：在调查过程中，我们进行了分组与分工，每组两人，确定了每组的研究主题以及调查地点，我和另一位同学的主要研究对象是浦源村郑氏宗祠里的对联和牌匾，以及后期补充的孝子坊的相关资料，接下来几天我们所有人就进入了资料收集阶段，早上早早地就赶到浦源村鲤鱼溪，然后大家便分头活动。浦源由于海拔较高，气温比起同时期的厦门要低很多，但白天太阳也会让皮肤有灼烧感，很多男生不采取防晒措施，经过这几天都晒黑了不少，但大家还是一丝不苟地完成任务，走访不同的地方。有一天晚上我们全员进行郑氏族谱的拍照收集工作，巨大的工作量使小伙伴们不得不轮番上阵，但大家效率非常高，并没有耽误太多的时间，团队之间的默契早已在不知不觉中提高。在我们组提前完成资料收集工作后，还进入了档案馆收集档案资料，体验了不同的工作。

　　实地的实践活动结束后，暑假期间我们还要分工写各组的实践报告，大家也都按时完成了自己的任务并提交，我们组写的是从我们所收集的资料中分析浦源村郑氏百年来家风家规的变迁，整理资料、辨认资料、分析资料和查找文献的过程，也让我得到了巨大的进步。

　　我们实践队成员一开始互不相识，到后来经过这一段时间的同吃、同住和同工作，已经培养出了一种革命友谊，彼此间也形成了独有的默契，和老师也成为非常好的朋友。实践期间没有人拖队伍的后腿，即使有同学或老师身体上出现不适，大家也及时帮助、照顾，或者调整工作岗位，这是真正的团队精神。并且过程中有历史系的老师带队，随时可以为我们讲解我们所见到的东西背后的历史背景和体现的文化内涵，让我也增长了见识，体会到历史学习的趣味，书本知识只有和实践相结合才更加真实。当老师让我们每个人用一个词形容这次实践活动时，我用的是"有趣"，和有趣的人一起，做有趣的事，这是最让人开心的了。

肖振楠（人文学院历史系）：作为本次实践活动唯一一个研究生，由于年级较高，我成为实践队员们的小队长，但是由于之前本科没有做过系统的田野考察和社会实践，在实践之前我还是非常紧张和期待的。

　　实践第一天我们就直奔主题，围绕当地历史变迁和家族传统进行了走访，以郑氏宗祠为中心，走访附近的孝子坊、林公宫、文昌阁等宗教信仰场所，了解当地村民的宗族和信仰认同，还收集到嘉庆、民国、1988年的三部郑氏宗谱，给我们日后的调研提供了丰富的一手资料。

从实践的第三天开始，我本人的主要任务便是以周宁县档案馆为中心，查阅有关新中国成立初年浦源地区的档案资料，并着手进行收集，由于档案的时间长久，保存不易，总量也较大，这项工作十分考验我与实践队员们的耐心、细心和恒心。这也是我第一次接触档案搜集工作，好在周宁县档案馆的领导和工作人员们对我们此次的工作都非常支持，再加上几位实践老师们的悉心指导，我很快就熟悉了如何正确拍摄和整理档案工作，经过几天的拍摄，此次实践档案资料主要收集了1951—1953年浦源地区（不仅是浦源镇，还有周边的江源、端源、萌源等地）土地改革和社会秘密组织的相关内容。

在每日的实践任务结束之后，晚上我们还会进行会议讨论，老师和学生们共同谈论白天实践的收获，取得了哪些有价值的信息和资料，与哪些人进行了交谈，其后由三位老师指导其中存在哪些问题，需要改进的地方，并布置次日的工作任务，同学们在实践一天后将自己的感受与大家分享，再在讨论中不断升华、完善自己的想法，对自身的提高也起到了积极的作用。会后大家还会进行资料的整理和汇总，尽管有时候时间已经很晚了，但同学们还是非常认真地完成了自己的工作任务。

这次实践丰富了我对田野考察的认识和理解，使我将平时所学的知识真正和实践结合起来。希望以后可以参加更多的实践活动和田野考察，走进中国基层社会，走进乡村，在实践中感受中国社会的历史变迁。

实践队员们在翻阅、拍摄档案

三、我们能为乡村振兴做些什么

许荣泽（人文学院历史系）：浦源之行我感触良多，但若以一言概之，大概就是"哀民生之多艰"了吧。

周宁县西部浦源村，深处闽地群山环绕境地。浦源历史悠久，先民在此已形成传统。该村落内有一鲤鱼溪，数百年来文化传承不断，溪中鲤鱼"闻人声而至，见人影而聚"，人鱼同乐，妙趣横生，这一奇特景象也吸引着周边县市的游客，人来人往，络绎不绝。

在这一背景下，当地政府及旅游局共同合作，联手进行旅游开发，打造了以鲤鱼溪、荷花池、郑氏祠堂为核心的鲤鱼溪景区。旅游业作为拉动就业、改善民生、形成地区综合实力的重要标志性产业，新常态下，正成为稳增长的重要引擎、调结构的重要突破口、惠民生的重要抓手、生态文明建设的重要支撑。在村里发展旅游业，本应该是惠及全体村民、拉动经济增长的大好事，但实践小组在调查中却发现，现实并没有想象中那么美好。

浦源村的旅游开发是以政府与民间社团共同出资，当地旅游局具体规划的模式进行的，村民在其中扮演的不是"参与者"，而是"待解决的问题"的角色，这就导致了政府在处理开发过程中与村民的矛盾时，采取的是把村民从整个旅游计划中排除的方式（包括迁出村庄、不允许在原有宅基地上修建新房、鼓励异地就业等）。而部分村民被排除出村庄后并无其他谋生手段，在这种情况下，部分村民对当地政府的不满日益加深，这种不满也集中体现在村民与当地政府的纠纷之中。纠纷可大致概括为两类，一为土地纠纷，当地政府为维护鲤鱼溪古村外观和景区开发，一方面禁止当地村民老屋拆建，另一方面严控新屋批建，造成老屋摇摇欲坠不能住、新屋半途而废住不了的极端局面，甚至有村民全家搬进庙里，对当地政府怨言颇深；二为开发纠纷，鲤鱼溪景区开发，政府并没有给景区内村民多少利益补贴，包括旅游门票分红、土地征收补偿等，村民既未得到实际利益，又失去了原来赖以为生的手段，只能做些小买卖，勉强糊口。

实践结束后，我们在离开村庄的路上，遇到了前来相送的村民，他们一遍又一遍不停嘱咐，希望实践小组可以推动问题的解决，但真正能解决问题的还是基层政府。希望当地政府可以加强与村民的沟通、多方协调，在旅游开发的过程中，真正做到发展为了人民、发展依靠人民、发展成果由人民共享。

刘晟堉（新闻传播学院新闻传播系）：作为本次闽东之光队伍里两个福建人之一，我其实是第一次来到宁德，周宁这个县城之前更是闻所未闻，所以在来之前，我的内心是充满好奇和期待的。

周宁给我的感觉和很多福建县城一样，人们过着宁静安逸的生活，白天不见工作的紧张氛围，夜晚车水马龙的街上熙熙攘攘的人群在夜色中欢笑。鲤鱼溪风景区自然是个景色优美的地方，但更珍贵的是它背后的历史价值与人文底蕴。

这一周的经历，我总结为四个字"劳有所获"。"劳"是不必说的，我们的实践队怕是最辛苦的队伍之一了，上山下乡、跋山涉水一个不落，但是实践当中最有趣的一部分也来源于此。

本次实践回来，我和认识的人说，要是现在让我去鲤鱼溪当导游也没什么压力了。五天的时间，每一天都在这个乡村转悠，前一天腿上的酸还未完全消去，就马上投入当天的调查。到了最后连向村里卖东西的村民询问时，他们都能笑着说："啊，你们就是厦大的学生吧。"

在这次实践的过程中，我参与的部分是"生态"，既要观察自然，又要观察民生，所以走街串巷是不可避免的。我第一次走进那狭长的巷子，一旁泥土建筑的房屋看上去已是历经无数的风霜雨雪，路旁的篱笆倒了一半，建筑物的残渣碎屑混杂着尘土草草堆积在路边。这个村庄和我以前见过大多数福建村庄都不一样，因为独特的地理资源而能够发展旅游业，又和我之前接触过的很多福建村庄一样，人丁稀少，村子里只剩下年迈的老人，他们都是很亲切的人，带着笑容替我们答疑解惑，但因为上了年纪多少失却了年轻人的朝气，无事时只是坐在那边目光飘远，像是在回忆过往。

也多亏了此次经历，我听到了很多以前没有听过的声音。大学的确是象牙塔，长期接触着最理想主义事物的我，突然看到这个世界的另一面，跨越千百年流传下来的优良传统、带着历史痕迹的每一寸土地、那些脸上沟壑纵横的老人日日谈论的柴米油盐琐碎事物，我意识到原来很多事物是要走出课堂之外才能学到的。

最初得到信息时，脑袋里面乱乱的，等回来细细去看，去想，才隐隐摸到一点头绪，在上一代人传承下来的笔墨里，悄然窥见他们为这个村子存下的一点心意。

尽管国家现在在大力推行历史文化的保护，但是令人难过的是，很多文化产物消亡的趋势已经难以挽回，文化产物与工业不同的地方在于，它是最具意义的，意义这种东西看不见、摸不着，大多数人都觉得无所谓，但正是这一点点意义，让几十年后的人回想起来心尖上还留有一点点特别的味道，让千百年后的人追溯起来还觉得能够引以为傲。因此保存意义是最辛苦的，我们要动用极多的人力，还需要有更多有能力、有热情的人投入到当中。

宋叔然（人文学院历史系）：这次暑期赴闽东宁德周宁县浦源村实践考

察，是马克思主义学院和人文学院历史系共同组织、由双方老师共同带队完成的，如此的学科背景使得我们在考察过程中既关注了社会主义农村的现状与变迁，也重视历史文献特别是民间文献在地域社会研究中的意义与价值。综合的关注点和考察方式能够将当代现实与历史发展相串联，通过勾陈时代变迁中发现今日社会状况的渊源，从直接的所见所闻中想象过往的风风雨雨，立体全面地甚至是借鉴长时段历史研究取向地对一个普通福建乡村进行观察。

考察的目的地浦源村，是距县城不远的浦源镇镇政府所在地，是标准意义上的独立于城镇的乡村，并非最典型的普通基层行政村或自然村。浦源村有明清古街和"中华奇观"——鲤鱼溪，在最近二十年开始大力开发旅游作为支柱产业，村民大量外出打工，这样的发展思路在全国都能找到许多类似的例子。

经过一周时间的走访考察和研究，我们发现这样一个繁荣了数百年的文化古村在当代所面临的最大问题是当地的文化传统面临"架空"的窘境。一方面，外出打工导致的社会老龄化和"空心化"现象抽走了当地文化传统继承和发展的基础——人，缺少中年主要劳动力的村庄在创造物质财富和精神财富方面都难有动力。

与此同时，当地的家族文化、民间信仰和人鱼和谐的传统经过百年来动荡不安的社会环境后已经消失大半，各种地方特色文化的物质载体也都破败不堪，到今日以开发旅游的名义进行重建，难免会有人量内容包含当代人的建构与想象，尤其由部分脱离了当地社会的官员与"文化人"主导这一恢复的过程，更使得充满当代价值的"新"地方特色文化与当地社会之间有所隔阂。

在考察过程中，我们得到了县、镇两级政府的支持与帮助，联系了村支部书记、郑氏祠堂祠董会主要负责人等村中权威，也关注了生活在当地的普通民众的意见，对浦源村的历史文化和当代社会产生了一个比较全面的认识。

对我个人来说，我首先感叹于这样一个名不见经传的小村落可以有极为丰富的历史故事，家族、信仰、习俗中无不透露出生动的历史信息，特别是将村落小历史与家国大历史相比对,那种既协调又真切的感觉可堪为历史学魅力的最佳注脚之一。

其次,感慨于近百年来的社会变迁给基层的村庄带来的巨大冲击,战争、瘟疫、天灾、匪患和政治运动无不在影响当地的人事物和文化传统,不夸张地说,劫后余生的村落已如同一位风烛残年、行将就木的老人,文化的命运着实可叹。

最后,明显可以感觉到,改革开放后近几十年的社会发展,固然导致"社会生态"翻天覆地的变革,却也给基层村庄特色文化的传承与复兴带来了前所未有的机遇,在重视文化的大环境和各种政策支持下,只要有心,传统优秀文化的涅槃重生并非不可想象。

总之,我们关注浦源而不止于浦源,在其中可以看到中国当代基层社会诸多问题的影子,因此,我们的研究也力求能为这些问题的解决提供些许帮助与参考,贡献我们的一份绵薄之力。

结 语

回顾历史,研究当下,展望未来,我们从浦源村的郑氏家族这一具有相当代表性的个案入手分析,具有重大的意义,一为中国乡村地方社会的变迁研究提供家族维度的个案以便更加深入地分析与讨论,家族不再能以地方社会的主要领导者和决断者自居,却可以通过一些新的方式广泛参与到地方社会的治理中来;二为发掘浦源宗教的更替历程,并对民间信仰的现状和发展进行分析;三为对浦源的生态建设与可持续性旅游开发进行探究并提出建议,最终为中国农村社会的百年变迁历史的研究贡献自己一些微薄的力量。

实践队员在释读残碑

结　语

在中国传统社会，家族是联系个人和社会、社会与国家的重要纽带，具有举足轻重的作用。宁德市周宁县浦源镇浦源村是福建省的历史文化名村，村中95%以上的人口姓郑，是一个典型的单姓村，郑氏家族自南宋嘉定年间，傍溪建村，逐溪而居，历史悠久，村内以其罕有的鲤鱼溪和人鱼同乐的人文景观而闻名。这也是我们选择浦源作为实践地的重要原因。

浦源村有始建于明代的郑氏宗祠，至今保留完整。明清以来，作为人数占绝对优势的最大群体，郑氏家族在国家力量缺位的乡村地方社会——浦源村具有很大的影响力。我们通过对郑氏宗祠现内存136尊祖先牌位的分析，初步描绘出了郑氏祠堂概况、建设发展史、空间布局、管理方式等基本信息，通过对乾隆、民国、20世纪80年代的三部郑氏族谱的阅读和对郑氏家族成员的访谈，将郑氏家族的家族来源、家族形成、当代的家族认同等信息予以反映，以此凸显以血缘关系为纽带的宗族组织在中国古代乡村社会治理中的重要地位。

浦源村的宗教信仰在历史上以闽南、闽东地区的民间信仰为主，而后随着宗族组织日渐衰落，更加广为流传、包容性更强的佛教便乘势崛起。林公宫、文昌阁是浦源村民间信仰的两个重要场所，林公以治病救人、斩妖除魔的神迹成为闽东普遍流行的民间信仰，而文昌阁也主要成为村中考生祈求金榜题名的重要宗教场所。

新中国成立之初，随着全国土地改革运动的展开，浦源地区也进行了土地改革，在解放生产力、实现土地所有权的变更的同时，也从根本上改变了原有的宗族关系和乡村权力结构，并初步建立了浦源地区农村的基层组织。土地改革不仅为之后浦源的一系列变迁打下了重要的政治经济基础，也成为浦源村走向现代化的起点。

十八大以来，习近平总书记多次在不同场合强调"家风"的重要性，对其给予高度重视。家风作为一个家庭或家族的价值准则，对一个家庭或家族来说具有重要意义，可以体现其道德风貌。我们通过对郑氏宗祠96面牌匾的整理分析，和对浦源村孝子坊的实地调研，可以看到浦源郑氏百年来形成的家族风尚、气质以及行为规范。他们秉承着祖先勤劳朴实的优良传统，尊崇孝道，重视家庭，崇尚先祖，进入新时期后也更好地进行了传统文化遗产的保护，并发展成文化产业，为村里带来经济收益。

现如今，浦源村已经取得了巨大的发展，当地民众结合本地农业特色和自然风光进行农业生产，并积极利用旅游业促进经济的持续性发展。实践中我们走访了浦源村的每个角落，追溯到鲤鱼溪的上游，搜集了数百年来浦源村的自然、地理、农业生产等各方面数据，对浦源村的生态有了一个较为系统的认识。目前村内的鲤鱼溪公园已成为国家4A级旅游景区，每逢节假日便有络绎不绝的游客前来参观游览和娱乐休闲。而在浦源旅游开发的过程中，包括政府、开发商、村民、旅游者等众多旅游开发者之间的矛盾冲突也日渐凸显，这也从侧面反映了浦源从古至今数百年变迁过程内错综复杂的社会历史。

通过上述六个方面的调研，我们对浦源村的传统文化风俗、郑氏家族的历史故事、新中国成立初浦源地区的地权变迁和生态建设、乡村建设等方面都有了较为深入的了解。回顾历史，研究当下，展望未来，我们从浦源村的郑氏家族这一具有相当代表性的个案入手分析，具有重大的意义，一为中国乡村地方社会的变迁研究提供家族维度的个案以便更加深入的分析与讨论，家族不再能以地方社会的主要领导者和决断者自居，却可以通过一些新的方式广泛参与到地方社会的治理中来；二为发掘浦源宗教的更替历程，并对民间信仰的现状和发展进行分析；三为对浦源的生态建设与可持续性旅游开发进行探究并提出建议，最终为中国农村社会的百年变迁历史的研究贡献自己一些微薄的力量。

附 录

附录一

《郑氏宗谱（卷一）·荥阳郡郑氏受姓受郡源流图》1988年谱

曾 莹 整理

黄帝—少昊—颛顼—帝喾—后稷—不窋—鞠陶—公刘—庆节—皇仆—差弗—毁隃—公非—高圉┐

┌夷王—孝王—懿王—共王—穆王—昭王—康王—成王—武王—文王—王季—太王—组绀—亚圉┘

└厉王—宣王

桓公—武公—庄公—厉公—昭公—文公—穆公—灵公—襄公—悼公—成公—僖公┐

┌家公—仕公—施公—敬公—桂公—支公—树公—泌齐公—康公—声公—献公—定公—简公┘

└往公—当公—石公—坤公—宽公—崇公—兴公—戴公—宏公—节公—元公—益恩公—礼公┐

┌理公—挚公—丰公—乂公—在公—苗公—简公—方公—庠道公—从公—守公—生公—詎公┘

└道昭公—子述公—余庆公—董公—瀚公—珣瑜公—冲公—雄公—潭公—映

┌福公—圻公┐
┌密公—初三公—满公—松公—涧公—昭公—庠公—思忠公—孝公—若碧公—嘏公—素公┘
└南公—嗣成公—昭叔公—可封公—唐公—慎公—笃公—尚公

附录二

郑氏宗祠内部分牌位

曾　莹　整理

1. 荥阳堂宋代迁埔始祖朝奉郑公神主

昭二世仲七,四世甲六,六世丙九,八世晋十

穆三世乾八,五世乙四,七世盛八,九世楚二、念九、楚五

伯祖支二世孟六,三世四、玉、三,四世聪六、甲十,五世信一、信十、乙十

六世唐八、唐九、唐十公,七世锡三、锡五公,八世英六、英七、英九公

九世雄三、雄五公

二世叔祖季八、季九,四世伯祖甲乙、甲四,六世伯祖丙五、丙六、伯九

八世伯祖晋八、叔祖宝二、宝三

九世伯祖楚一、叔祖楚九

2. 荥阳郡上肇基始祖讳尚公朝奉大夫

昭二世孟六、四世聪六、六世唐八、八世英六、十世豪六

穆三世讳玉、五世信一、七世锡三、九世雄三

3. 乾八公子支

第四世祖甲四公,第五世伯姜公,第六世福二、福三公,第七世己远、系窓

第八世晋三、觅六、即二、佛棋、佛钦

第九世公祈、公祐、公魁、公轩、公则、公浩、荣铺、荣波、荣宽、荣晓

第十世季瑚、季瑛、季粮、季新、季南、季春、季东、季金、明銮、明傅、明齐、明胡、明辉、明富、明彩、明爵、明完

十一世荣潘、应显、应启、应荣、应栋、应霖、应闰、应忠、应继、应钦、应年、应江、应颜、应东、应华、应惟、应隆

十二世芳齐、芳渭芳为、芳瑞、芳钦、芳栋、芳本、芳杨、芳权、芳桂、芳庆、芳信、芳远、芳章

十三世长良、长徐、长舜、长锡、长玉、长士、长先、长弟、长远、长春、长寄、长吉、长庆、长有、长输、长锦、长顺、长先、奇猷、奇文、奇宝、奇灿、奇亨、奇积、奇旭、奇廷、奇潘、奇通、奇秦、长成、长珠、长洪、长隆、奇瑛、奇旭、奇芳、奇龙、奇飞

十四世添春、陈有、陈最、陈辅、陈龙、陈光、陈洪、陈明、陈杲、陈风、凤台、样惠、样辉、样云、样献、样满、样光、翰珍、翰莹、翰壬、翰芳、仕有、翰龙、翰玲、昌美、昌仲、昌隆、昌德、昌缬、昌浦、昌口、昌灏、昌尧、昌槐、昌柏、昌铁、昌标、昌谋、昌廪、昌桃

十五世朝任、朝道、朝价、朝佑、朝佐、朝林、朝现、朝应、朝口、朝播、朝发、朝字、朝成、朝魁、朝梭、朝主、朝诚、朝坐、朝来、朝维、朝新、朝清、朝选、朝宾、朝富、朝机、朝昂、朝年、朝尖、朝恩、朝茂、朝书、朝棠、朝泽、朝锦、朝且、朝日、朝亘、朝明、朝乡、朝璃、朝坪、朝即、朝祖、朝江、朝相、朝槌、朝进、朝光、朝赈、朝满、朝札、朝鸿、朝风、茂信、茂帐、茂荣、华茂、茂辉、茂玉、茂胞、茂堂、茂举、茂光、茂禄、茂清、茂惟、茂江、茂海、茂佑、茂根、茂梁、茂桌、茂臻、茂照、茂抠、茂通、茂淳、茂十、茂涛、茂达、茂长

十六世廷昭、廷江、廷忠、廷夔、廷芳、廷敏、廷财、廷华、廷耀、廷高、章福、廷书、廷璋、廷波、廷懋、廷原、廷瑛、廷声、廷继、廷栋、廷梁、廷昌、廷起、廷枝、廷森、廷智、廷海、廷柏、廷邦、廷周（部分被雕刻遮挡）

4. 晋十公长子支

第九世念九

第十世仪二、仪六、俏二、俏八

十一世学十、御九、御十

十二世尚四、书四、赠八、赠七

十三世缪二、绍二、绍五、绍六、铤三、雁二、雁八、吉六、臻五、缪八

十四世□昒、□洪、维六、维二、天□、□二、意方、毓喻、□华、□请

十五世洪纶、洪总、洪统、洪创、洪维、洪绸、洪积、洪载、洪润、洪纠、胤九、朝乡、线九、緫六、洪缙、动二、绘十、宽六、宽九、恭十、恭九、惠八、惠九、甸八、甸十、恭八、绘四、钦八、备二、钦九、□六、洪保、洪大、洪儒、洪佑、洪湘、緫六、□八、洪凤、洪应、洪□、洪宝、洪恩、洪田、洪鹏、洪昆、洪太、洪乘、洪对、洪芝、洪琛、洪偁、洪镛、洪漆、洪尤、洪安、洪日、积安

十六世樊二、樊四、樊八、向二、向三、向四、辟六、群六、群三、五群、宾六、华赢、华双、瑞光、瑞仁、定五、定六、定九、孙甲、孙员、孙尧、孙拱（部分被雕刻遮挡）

5. 第九世显祖楚三

第十世俨二、俨六、俏十

十一世广西、票九、荣八、广一、广二、广九

十二世端七、远六、崇六、仁五、远八、锦五、杭二、声七、声十、远七

十三世兴桥、永五、耀十、雁四、命二、彩七、吉五、锦八、约八、约二、□二

十四世志□、飞六、绍义、货八、辅八、元迎、绸二、元宝、宣九、绘九、臻五、元□、涧叔、宣八、俸六、绍仁、绍贵、□四、安六

十五世镜张、腰光、大恩、大仕、习二、大晋、大蘸、大精、大仁、持六、持菜、大□、大寿、大擩、大□、亮五、恩八、玉贤、恭七

十六世日□、日□、乳□、聘□、聘宣、聘蒋、谕二、胜张、胜怀、胜惠、胜□、胜雄、胜窦、胜增、聘园、聘庭、聘朝、□金、□宗、□茂、宝二

十七世昌弟、昌官、昌炳、长生、成会、成相、成泰、成柏、成万、成模、成宾、昌琪、昌政、昌寿、昌俊、昌文、昌菓、昌大、昌元、昌政、必统、必论、必鼎、必弟、必昌、必胜、必达、必胤、必高、必诸

6. 第九世祖楚五公

十世侃四、侃八、粤六、俨四、俨九

十一世催一、催四、催六、任二、任六

十二世仁二、仁三、仁九、锦九、颛二、颛四、颛七

十三世约一、勿昌、□八、统六、挺八、应二、志四、挺六、耀六、□六、埔二、耀五、命八、康六、文贵、康八

十四世亮九、铨八、铨九、凌四、亲六、八、亮四、□九、亮十、观十、缚三、发九、络五、殷三、金二、绫三、赏十、赏八、邹九、□五、赏九、应起、应济、应赐、应召、应俗、俸四、俸六、应郭、应发

十五世效二、辛三、辛八、长盛、长春、长波、緫十、辛六、辛九、效五、观十、祐六、邹贡、邹□、学宽、学大、緫五、章四、佛灿、赞六、赞八、赞十、佛初、益所、益俊、益森、益伯、世功、世佑、瑞明、光祚、光馨、光朝、光彩、世亮、光聪、大华、大国、大秦、大乔

十六世儒满、俊余、俊郭、俊岁、洁二、挺九、挺十、群七、当六、洁十、演五、儒选、儒廪、儒兆、儒重、儒赞、儒廷、儒略、儒韩、儒诛、儒集、洁八、周寓、周德、周璧、周玉、周定、周炳、周盛、周晃、周昌、周树

7. 九世念九

十世仪二

十一世御十

十二世赠七

十三世臻五

十四世觉六、续二、安四

十五世甸四

十六世希五

十七世显继、显初、显北、显文、显相

十八世茂芳、茂松、茂札、茂友、茂第、茂苏、茂振、茂盛、茂元、茂龙

十九世开书、开琪、开登、开燕、开余、开□、开杰

8. 十世豪六

十一世铣五

十二肖八、肖九

十三世长八、廷七、廷九

十四世绳六、绳七、绳十

十五世晓四、晓八、晓九

十六世禄七、禄九、禄十

十七世东六、东七、东九

十八世衣五、衣六、衣八

十九世博六、博七、博八、博九、学三

二十世（被雕刻遮挡）

9. 任三公长子支

十三世吉四

十四世铨九

十五世辛三、辛八

十六世俊郭、俊义、天禄

十七世玉振、玉稽、玉明

十八世秀胜、秀愚、秀昆、□所

十九世有表、有亮、有昌、有高、有诗、实选、实遵

二十世其富、其荣、其美、其笃、其器、其初、其华、其贵、其超、其耀、其贺、其法、其趋、其福、其成、其公、其爵、其显、其德、其质、其略、其祯、其双、其义、其和、其忍

廿一世拱俊、拱□、拱云、拱潘、拱界、拱□、拱水、拱函、拱昇、拱长、拱桂

廿二世朝锲、朝墨、朝印、朝辉、朝营、朝云、朝住、朝声、朝笑、朝勳、朝契、朝黎、朝仁、朝宝、朝林

廿三世开基、开滑、开太、开秦、开熊、开右、开普、开橼、开左、开禾、开贵、开均、开寿、开安

廿四世培森、培椿、培烈、培昌、培丰、培达、培奇、培财、培贵

廿五世棉斗、棉山、棉坦、棉畴、棉太、棉□、棉□、棉有、棉□、棉富、棉明、棉乾、棉坤

10. 十二世书四

十三世绍二

十四世维九

十五世台十

十六世（被雕刻遮挡）

11. 仁三公子支

十三世统洪

十四世□十

十五世邹添

十六世周艺、周得、周玉

十七世玉（被雕刻遮挡）

12. 常六公子支

十三世朝山

十四世方二

十五世大正

十六世显耕、显寻、显瑞

十七世茂新、茂华、茂秦、瑞迎、瑞□、瑞古

十八世为儒、为相、为乡、为鉴

十九世若钫、若锦、若聪、若衡、若□、若严、若□、若觉、若政、若家、若战、若茄、若□、若举、若武

二十世人阳、人尚、人府、人木、人养、人彪、人藻、人宝、人考、人兀、人□、人福、人同、人曼、人朝、人员、人继、人好、人寿、人笏、人□、人第

廿一世和恭、和康、和井、和献、和烂、和谦、和□、和旺、和自、和带、和广、和彩、和伸、和泉、和愈、和参、和扇、和弟、和柏、和长、和珍、和芹、和晋、

和庆、和畅

廿二世（被雕刻遮挡）

13. 崇六公第三子支

十三世朝山

十四世方二、主十

十五世大宾、大寀、大用、大甯

十六世世僖、世烃、世谷、世灯

十七世瑞良、瑞福

14. 仁三公长子子支

十三世吉四、应二

十四世铨九、铨八

十五世辛三、辛八、长春、长盛、长波

十六世俊郭、俊余、洁二、俊义

15. 十三世耀十

十四世辅六

十五世大聘

十六世昌□

16. 十五世钦九

十六世韩五

十七世汉五

十八世吴七

十九世基二

二十世全二、全五、全七

廿一世国泰、国盛、国祯、国相、国卿

17. 廷淳公子支

十五世洪添、洪乘、洪鑑、洪树

十六世延九

十七世文卿、文享、文选

十八世弟友、弟盛、弟孟

十九世奕光、奕仁、奕章、奕山、奕富、奕晋、陈章、陈艮、陈孙、陈弟、陈赐、士长、士贵、士义

廿世仁光、仁登、仁来、仁厚

廿一世建虎、建龙、建贰

18. 廷淳公子支

廿二世钟煌、钟润、钟梁、钟炳

廿三世步群、步招、步恒、步照、步禅、步众

廿四世对寿、对全、对木、对长、对庭、对禄、对福、对洪、对进、对贤、对财

19. 廷昂公子支

十五世洪日、洪太、洪元、洪安

十六世应□、应时、应后

十七世一第、一县、一灿、一州、一城、召书

十八世现发、现全、现云、现生、现星、现兴、现虎、现禄、现爵、现福、现增、现寿、现华

20. 十五世钦九

十六世韩五

十七世汉五

十八世吴七

十九世基二

二十世全二、全五、全七

廿一世国泰、国盛、国祯、国相、国卿

21. 十五世總六

十六世定九

十七世璠六、璠八、拱午、拱禄、拱撮

十八世翼□、翼享、翼宴、翼参、翼桂、翼声、翼左、翼予、翼孚、翼衡、翼权、翼威、翼三、翼燕

十九世胡珊、胡玖、胡珽、胡琏、胡瓒、胡城、胡□、胡珄、胡琥、胡琳、胡珏、胡观、胡球、胡明

二十世祐义、祐田、祐钟、祐麟、祐官、祐博、祐嘉、祐全、祐赐、祐振、祐为、祐文、祐钦、祐福、祐岌、祐积、祐兴、祐盛、祐统、祐瑞、祐胶、祐陈、祐□、祐鑑、祐漏、祐沐、祐讳、祐渭、祐灼、祐略、祐武、祐□、祐营、祐余、祐灏、祐义、祐礼、祐景、祐灿、祐□、祐诛、祐济、祐蒲、祐演、祐潘、祐威、祐林、祐庭、祐类、祐槐、如坚、如昌、如弟、如受、如楷、如俊、如操、如唐、如季、如佳、如乐、如豪、登亿、登濂、登浙、登銮、登浪、登龙、登炮、登辉

廿一世良明、良斗、良模、良芳、良恭、良明、良清、良逢、良监、良基、良斜、良蓬、良柏、良求、良就、良建、良魁、良富、良平、良豪、良应、良智、良聪、良麟、良飞、良堃、良云、良有、良应、良寿

廿二世连馥、连模、连振、连发、连陆、连长、连礼、连仪、连清、连水、连濡

（部分被雕刻遮挡）

22. 十六世能臣

十七世必统、必翼、必昌、必第、必纶、必胜

十八世为燮、为政、为本、为惠、为铎、为浩、为圣、为大、为贤、为美、为邦、为炜

23. 廷轩公子支

十五世洪稠、洪珠、洪芝、洪华

十六世延六、就五

十七世召学、召道、召相、召执、召胜、召奕、召信

十八世弟顺、弟龙、弟士、弟举、弟贞、弟绅、弟丰、弟作、起彬、起森、弟成、玉茂、弟美、起杰、起相、起槐

24. 十六世能文

十七世必聪、必绪、必纲、必泽

十八世为德、为□、为炎、为舒、为灶、为仆、为五、为衡、为仁、为雄、为北、为仓、为根

十九世若求、若桥、若肇、若柱、若秀、若松、若□

25. 芹溪村派下

十六世群三

十七世拱辰

十八世进硕

十九世明孔

二十世彩福

廿一世良贵

廿二世龙起

廿三世步柱

廿四世祖波

廿五世克泰、克武、克文、克端、克昌

廿六世继贤、继华、继潘、继英、继成、继椿、继基、继云、继球、继萱、继秋、继满、继慈

廿七世自肇、自雄、自国、自党、自德、自卫、自日、自善、自义、自培、自建、自生、自安、自寿、自康、自灼、自良、自发

廿八世昌峰、昌营、昌海、昌情、昌林、昌福、昌东、昌强、昌斌、昌全、昌禄、昌飞、昌传、昌鸿、昌梓、昌辉、昌远、昌仁、昌臻、昌鉴、昌镇、昌兵、昌浩、昌源、昌洪

廿九世庆江、庆学、庆木、庆淮、庆健

26. 十六世齐七、齐八、齐九、美六

十七世显倄、显美、显经、显动、显怀、显求、显祥

十八世茂兴、茂寿、茂仁、茂慈、茂贵

十九世开熹

二十世祐承

27. 十七世秉绎

十八世之翰

十九世开学

二十世祐豪

廿一世建亮、建瑞、建梓

廿二世钟永、钟肃、钟乐、钟榄

廿三世步楼、步徐、步燊、步异、步增、步垆、步蔚、步阁、步焕、步部、步承、步珍、步经

廿四世对相、对益、对松、对树、对根、对记、对起、对富

廿五世用华、用炳、用灶

28. 十六世希谷、永足、希集

十七世显盛、显招、显明、显德、显侯

十八世景茗、景裳、景锡、景乡、景万、景美、景朝、景道

十九世开宥、开春、开钦、开灼、开城、开鸿、开富、开中、开直、开珠、开涧

二十世祐泰、祐钧、祐长、祐道、祐起、祐赐、祐珪

29. 十七世必高

十八世为桃

十九世若芬、若莽、若苣

廿世人衔、人甲、人海、人周、人宇

廿一世和恩、和钟、和铃、和槌、和元、和德

廿二世辉炎、辉憘、辉树、辉敬、辉烈、辉财、辉钱、辉雄、辉以

30. 十七世必昌

十八世为本

十九世若日

二十世人拱、人全、人集

廿一世和山、和廉、和茂、和略

廿二世辉贡、辉治、辉根、辉蜂、辉亩、辉狮、辉鹿、辉儿、辉同、辉意、辉参

廿三世赞颜、赞罗、赞课、赞美、赞谈、赞概、赞樊、赞日、赞县、赞熟、赞存、赞才、赞赐、赞植、赞梨、赞为

廿四世立德、立炎、立方、立天、立长、立紫、立智、立喜、立兴、立銮、立传、立水、立烈、立孙

廿五世孝洲、孝云、孝东、孝雄、孝培、孝木、孝俭、孝晖、孝铃、孝营

31. 十七世禹惠

十八世嗣荣

十九世旭权、旭长

二十世雪生、雪余、雪铎

廿一世如龙、如靖、如好、如城、如昌

廿二世钟森、钟腾、钟镒、钟醋、钟华、钟桂、钟品、钟庸

廿三世步镜、步圭、步寿、步梁、步明、步魁、步须、步陞、步同、步畴、步赏、步阜、步权、步源、步坤、步祥、步秋、步春

廿四世对森、对焕、对荣、对林、对记、对员、对求、对彬、对聚

廿五世

（廿四世部分及廿五世被红纸遮挡）

32. 十七世胜大

十八世嗣殷、嗣昱、嗣尔、嗣肇

十九世昆昇、昆浩、昆昂、昆景

二十世耀

廿一世忠

廿二世崇回、崇陈、崇胜、崇森、崇彦

廿三世步旺、步兴、步龙、步康、步庚、步齐、步泰、步美、步佃、步满、步涨

廿四世对醒、对轩、对宝、对耀、对景、对明、对泰、对江、对二、对三、对荣、对官、对铭、对清、对标（被雕刻遮挡）

廿五世用佺、用谋、用焰、用振、用智、佛龄、榲子（余下被纸遮挡）

33. 十八世茂振

十九世开田

廿世祐享

廿一世建墩、建珍、建源、建铨、建年

廿二世连森、连济、连斌、连清、连梁、连坪、连家

廿三世步岩、步邑、步新、步泂、步生、步祥、步福

34. 方盛、方衡、方瑜、方发公子支

十八世嘉树、嘉槐、嘉猷、嘉爵、嘉植、嘉枺、嘉杨、祥万、祥兴、祥添

十九世廷甲、廷魁、廷芳、奇俊、奇康、奇安、奇富、奇武、奇发、得功、得就、得英

二十世祐榜、祐援、祐文、祐喜、全步、全朝、全经、全运、全陈、全现、全钦

廿一世建新、建隆、建禄、建波、建清、建宽、建贤、建梁、建柱

35. 瑞良公长子支

十八世为麒、为敏

十九世若振、若乐、若鳌、若鲤、若鲲

念十世人献、人茂、人泳、人盈、人豹、人盛、人熙、人益、人送

廿一世和端、和成、和并、和椿、和□、和茂、和遇、和正

廿二世宗琛、以兴

36. 禹耆公子支（糊）

十八世相

十九世旭

二十世雪

廿一世如

廿二世宗

廿三世步

37. 士贵公子支

十八世则漪、则仓、则廪、则丰

十九世廷武、廷达、廷显、廷萱、廷文、廷光、廷秀、廷辉、廷茂、廷三、廷斌、廷林

二十世祐得、祐宝、祐洋、祐荣、祐元、祐步、祐宋、祐地、祐裾、祐馨、祐富、祐筹、祐庆、祐政、祐润、祐宗、祐粮、祐后

廿一世建周、建禄、建深、建诗、建游、建迪、建祥、建云、建喜、建波、建全、建城、建发、建虎、建洪、建财、建锡、建星、建和、建官、建波、建队、建进、建洪

廿二世以欢、以光、以森、以陞、以业、以涨、以陈、以赐、以祥、以应、以孙、以直、以生、以佛、以榛、以汶、以灿、以苞、以灵、以藏、以川、以挺、以朝、以奇、以续、以堂、以汉、以富

廿三世步成、步弟、步强、步剑、步雄、陈全、神权、神滔、承前、锦堆、陈明、陈烘、陈钱、成□、鸣星、成唐、成殷（余下被雕刻遮挡）

38. 十八世为仁

十九世若潭、若招

二十世人毕、人娄、人胃、人张

廿一世（被雕刻遮挡）

廿二世以□、以帐、以驾、以茂、以基、以冠、以骈、以美、以荣、以补

廿三世赞兴、赞□、赞护、赞讼

廿四世立（被遮挡）

39. 新官公子支

十八世长发

十九世廷仪、廷天、廷伦、廷佳

二十世人生、人盛、人茂、人根、人开、人华、人钟

廿一世和赐、和乐、和川、和松、和添、和楠、和金、和顺、和炬、和穆、和纯、和宁

廿二世辉森、辉埔、辉显、辉琛、辉胜、辉珺、辉唐、辉变、辉瑜、辉进、辉景、辉长

廿三世赞雨、赞随、赞长、赞春、赞品、赞春、赞鸿、赞万、赞分、赞领、赞礼、赞伍

廿四世立锦、立同、立锤、立让、立江、立祥、立贻、立□、立庭、立兴、立奇、立承、立义、立凑、立全、立安、立星、立燕、立□

40. 承□公次房（糊）

41. 十八世积泽

十九世得棱

二十世美飞、美惠、美敬

二十一世文可、文礼、文滔、文烈、文奇、文词、文管、文枢

二十二世春碧、春淮、春庄、春盛、春景、春荣、春余、春辉、春敬、春清、春□

牌位位置示意图

7	6	1	5	4	3	2
10	8					
11	9					
14	12					
15	13					
17	16					
19	18					
22	21					
24	23					
26	25					
28	27					
30	29					
32	31					
34	33					
36	35					
38	37					
40	39					
		41				

附录三

郑氏宗祠内牌匾、对联

刘安妮　整理

（一）牌匾

时间	正文	备注
洪武十六年岁次癸亥新正吉日	义门济美	赐进士及第吴伯宗
1987年丁卯梅月	一曲升平	
民国二十一年一月	杖国延禧	
大清宣统二年庚戌春王正月	文魁	
1991年一月立	杏林望重	宁德名老中医郑许潘先生
清顺治十六年正月十八	望重宾筵	
清乾隆五十九年	晚节弥芳	
嘉庆八年岁次癸亥正月	攸好惟德	
乾隆五十年十二月吉旦	升平俊髦	
1988年正月吉旦	淑德高年	恭祝郑府林老孺人八秩荣庆
咸丰	卫千总	清咸丰例赠授建德公
咸丰丁巳岁十月谷旦	文魁	
清同治壬申岁十二月吉旦	州同	钦命授职位为
大清顺治十五年八月吉旦立	孝迈黔娄	钦命宁德县知事李即龙为
	蕴藻流芳	
民国十三年正月谷旦立	一堂五代	闽海道道尹柯为郑昭家公妣八旬荣寿
大清康熙	东社维屏	
清代康熙十四年	中古民豪	
1993年七月吉旦	枝繁叶茂	第五世伯姜公派孙仝立
光绪十二年岁次丙戌正月	杖朝硕德	贺寿
咸丰七年端月	节顺流芳	

·166·

续表

时间	正文	备注
光绪二十七年辛丑岁正月寿日	萱帏日永	
宣统二年岁在庚戌春王正月	硕德耄龄	
民国乙丑仲春	仁人多寿	郑老先生古稀大庆
民国二十年元月	杖乡硕彦	郑谟光先生六秩寿庆
民国十三年甲子岁春王正月中浣	耄龄椿祜	
道光二十九年孟春月	元老壮犹	
民国十三年十二月	硕德耆年	
大清光绪二十二年春王正月	耄耋齐眉	
清光绪十一年	古稀贞寿	陈氏孺人七旬之庆
1991年十月十六日	千载蒸尝	周宁县浦源村郑氏宗祠建祠纪念
	光宗耀祖	
1993年三月初三日	源远流长	周宁县浦源郑氏宗祠新建纪念
1999年春旦	枝繁叶茂	周宁县鲤鱼溪郑氏宗祠留念
壬申年五月	孝思维永	恭贺郑氏宗祠重建大典
1999年正月	庚娑齐明	
1999年正月	硕德耆年	
1991年	荣宗耀祖	
1991年十月十六日	万脉同源	浦源郑氏宗祠重建纪念
1991年辛未岁十月十六日	祖德弥高	
道光二十年	积善延龄	
1991年十月	誉满东洋	郑氏宗祠重建纪念
1993年春	明德惟馨	
1982年正月立	堂联五代	
2001年十月	学界前驱	
戊寅年正月	婺宿腾辉	郑府叶氏世伯母八秩寿庆

续表

时间	正文	备注
1991年十月十六日	源远流长	郑氏宗祠建祠纪念
1994年岁次甲戌正月	星辉宝婺	
民国九年	女界瑞人	
	荥阳世族	
1992年岁次壬申正月	家承祖泽	
1993年癸酉春正	寿承祖泽	
1996年丙子春正	笃贞栢翠	
1991年十月十六日	耀祖生辉	周宁县浦源郑氏宗祠文物陈列厅落成纪念
民国二十年元月	康强逢吉	
1991年十月十六日	源远流长	
民国九年岁次庚申年	阃范期颐	
癸巳年	枝叶同根	周宁县浦源郑氏宗祠扩建竣工庆典
	源远流长	周宁县浦源郑氏宗祠扩建工程竣工典礼
2013年	弘扬祖德	浦源郑氏宗祠扩建留念
2013年	祖德流芳	浦源郑氏宗祠落成庆典
	枝叶同根	周宁浦源郑氏扩建宗祠落成之庆
2013年	荣宗耀祖	浦源郑氏宗祠落成庆典
2013年	源远流长	
癸巳年	济美开源	
	同气连枝	浦源村郑氏宗祠扩建竣工典礼
宣统三年正月	柏节松龄	赠叶氏祖眉孺人五旬
民国九年	孝德动天	
民国十一年九月	咸林望族	宁德县知事黄式苏题
2013年	祖泽绵长	浦源村郑氏宗祠落成典礼
2013年	枝叶同根	浦源村郑氏宗祠落成典礼

续表

时间	正文	备注
2013年	书第扬芬	浦源郑氏宗祠扩建落成
	鸿篇瑞彩	周宁县浦源村郑氏宗祠扩建落成庆典
2013年四月	祖德宗功	郑氏宗祠扩建纪念
2003年	硕德高风	郑陈贵先生诞辰百廿周年纪念
	祖脉相连	周宁浦源郑氏宗祠扩建落成之庆
癸巳年	远行大德	
	源远流长	周宁浦源郑氏宗祠扩建
	克绳祖武	浦源郑氏宗祠扩建落成
2013年	弘扬祖德	浦源郑氏宗祠落成典礼
2013年	丕振宗风	浦源郑氏宗祠扩建落成
2013年	德门衍庆	周宁县浦源郑祠扩建庆典
2013年	同宗发轫	周宁县浦源郑祠扩建庆典
癸巳年	枝叶同根	周宁县浦源村郑祠扩建落成庆典
癸巳年	广文世胄	浦源郑氏祖祠扩建竣工典礼
癸巳年孟夏	光前裕后	周宁浦源郑氏宗祠扩建吉庆
2013年	荥阳望族	郑氏宗祠扩建落成
万历三十六年正月	国戚名裔	赐进士及第清阳翁正春为
2013年	根深叶茂	浦源村郑氏宗祠落成典礼
	荥阳衍派	长乐郑氏联谊会敬赠
	根深叶茂	周宁浦源郑氏宗祠扩建落成之庆
2013年	祖德荣昌	浦源村郑氏宗祠扩建工程竣工典礼留念
	祖德宗功	周宁县浦源郑氏宗祠扩建工程竣工
	荥阳世泽	周宁浦源郑氏宗祠扩建之庆
	派衍同根	祖祠扩建竣工
2013年四月	枝叶同根	周宁县浦源村郑祠扩建暨祖庆典

（二）对联

第一进

祥光暎洪基儿孙共庆
瑞气隆旧典德泽惟馨

三朝简汲名侄裔
两世循良刺史家

荣悴何常绘出黄粱一梦
勤惩不爽悟来金鉴千秋

懿余得其门入孝出悌
何莫由斯道折矩周规

（1920年11月）

试问登台谁称出色
偶来顾曲聊遣闲情

春秋递阅怀霜露
水木长绵朔本源

遂戴礼钦崇祀典
重宗功永荐馨香

祖德宗功千载泽
子承孙继万年春

第二进

春霜秋露怀先泽
云蒸霞蔚启后人

王室分茅缁衣颂好
德门衍派书章流芳
（1920年11月）

先派溯南湖长留旧泽
遥宗依谷口远播清风

有今日荣褒莫名观者感泣
非李公题赠谁识孝子苦心

毁体疗慈斯真能养大礼
舍身救父不得谓为轻生

曳履识尚书帝隆天泽
采薪成太尉人羡仙风

孝感格天心道立人伦一生九死
荣褒奉元首名光国史四字千秋

学倡南湖诗礼传家光俎豆
书藏夹漈文章继世耀箕裘

祖德铭国史瞻仰百代

宗功振家声派衍千秋

春祀秋尝重颂名臣风范

左昭右穆高悬烈祖典章

祖宗凭依在德

子孙对越惟诚

礼乐绳其祖武

诗书诒厥孙谋

昭穆明其礼教

俎豆荐以馨香

门畅高轩久历春秋犹垂美泽

祠如巨舶频经风雨足证同心

第三进

驱寇展英才千秋足式

兴邦酬壮志盛世堪珍

文物溯千年声喧左海

淳风传奕世望重东洋

（1993年1月）

源远流长高士通儒辈出

根深叶茂遐龄上寿同跻

忠义为怀毁家纾难留高节

恫瘝在抱济世扶危播美名

宕涧茸清鱼戏水

乘船观景乐神游

祖宗忠厚遗留由来远矣

岁时蒸尝祭享可不敬乎

（1991年10月）

忠孝俭勤身范克端绳祖武

农桑诗礼家规垂训翼孙谋

德业并山河俎豆馨香名闻四海

勋名昭日月烝尝祫祀派衍千秋

朝列国戚百代名裔延阀阅

奉承宗风千秋望族绍箕裘

数里神鱼长不古

一双文笔永同春

祖砚父田垂燕翼

陇兰庭桂钊洪基

弘敷雨露祥麟跻凤阁
际会风云锦鲤跃龙门
神鲤传奇名驰四海
人文荟萃誉载千秋

宵衣旰食为两仪立德
春露秋霜期百代衔恩

第四进

东汉传经东阁藏经承伟业
南湖倡学南山兴学绍家风

汉唐宋三朝赐命
忠孝义百世传家

祖泽沛山河馨香永祀
仁心济日月俎豆常新

捐饷勤王忠心感地
舍身救父孝德动天

祠宇似巨轮载经载德
清溪如玉带传善传仁

宗功祖德继荥阳世泽
子孝孙贤承谷口遗风

初祖肇洪基报本追源恭陈俎豆
后昆矢大志建功立业克绍其裘
义孝启孙谋硕博双辉承阙里
敢诚铭祖训冀墙万载溯荥阳

听稳重尚书履齿响彻宫廷
仰崔巍通德门楣辉联阀阅

人鱼偕乐彰显祥和气象
景物争辉蕴涵蓬勃生机

崇祠杰构昭先祖垂千秋美德
孝义淳风翼后人启百代文明

祖泽长敷万里河山呈锦绣
家风足绍五洲枝干衍蕃昌

忠孝传家鼎食钟鸣绵世泽
诗书继世蛟腾凤起振家声

自古蜚声鲤冢京畿通御气
于今洮主清樽梓里话嘉风

第五进

派衍荥阳怀先祖诗书继世
支分谷口翼后昆义礼传家

周室分茅尚武崇文创千秋伟业
荥阳立郡倡诗学礼毓奕世英才
追溯汉隋唐宋雁塔题名辉甲第
繁衍欧亚美非鹰扬创业昭簪缨

赐金剑到长溪在昔咸称驸马
爱履声登大殿迄今齐羡尚书

九曲一溪跃龙腾扬左海
源八景山明水秀冠东洋

树表千秋巨舶经风扬海宇
岩扬万世高轩沐雨耀人寰

祚衍咸林望族裔孙多国器
世传经学德门家教仰人师

德继先贤派衍荥阳孝子阙
学辉故里教泽华夏郑公乡

附录四

部分碑文布告原文

黄旭辰　整理

1. 林公宫碑文

今将首建本庙住前鱼池及天井水廊桥柱等石各房捐钱名目勒石

一书四公三房孙等捐钱三十六千文一永历公茂苏公捐钱八千六百文

一赠八公长三孙等捐钱三十六千文又尔斗公捐钱八千六百文

一总六公派下孙捐钱一千文一千寿公捐钱八百文

一紫寿公男孙捐钱七千文正一方□公捐钱□千文

岁大清嘉庆十七年蒲月 吉旦立

2. 陈圣母庙碑文

通天圣母者　神之最灵者也吾乡久奉其香火其福于吾乡也不少族内钟城思报神德于嘉庆二十年邀余倡首鸠集十四人各捐谷一石为本收息存积出□将价置买田产共计十八秤递年收积租谷颇多遂于同治元年置买坪基新建圣母神楼一座收贮此后租谷以备圣母公事之需自今以往仍望会内诸君齐心协力有始有终毋得中途则获福无疆矣是为序

置买田产　地号计开

一深洋中田五秤、一茶垮岭尾田二秤、一源头福王前五合、一胡梯垅田一秤、一江山底田三秤、一源头岗仔田一秤、一溪坪洋田三秤、一江厝亭田一秤、一大桥头田五合正、一垄头田一秤正

同治三年六月吉日

会首　郑钟城、祐森、理敬、祐忠、步蟾、逢清、逢廷、梦龙、理绳、登祝、理蓬、积厚、张若苞、彭林标等全立

3. 文昌阁碑文

文昌阁鼎建即将题捐芳名共勒贞珉以垂不朽

社首 庠生郑和任，耆老郑高胜，员郑□闵，监生郑建韶、监生郑和厝，庠生郑翘，职员郑人性、建树、敦嘉、后德，信士郑裔明、和臻、祐送、祐起，监生郑建功、建琮、镇隆、员才，卫千郑建德，信士郑全明，生员郑芳联、瀛洲，监生郑建衡，贡生郑俊彦；共捐会银二百七十两

耆宾爱山公捐银十八两，郑儒徽捐银十八两，方三公捐银十八两，卫千郑建德捐银十六两，书四公捐银十三两，信士郑建朝捐银一十两，楚五公捐银十三两，监生郑建韶捐银七两，雁八公臻五公各捐银六两五钱，监生郑肇荣、郑建功、郑祐河、郑同州、郑和通各捐银六两，广四公捐银三两、监生郑王书捐银五两；庠生郑□信、郑□，信士郑登潮、建岩，监生郑员才，职员郑建湖，各四两

贡生郑□起，监生郑镇□，职员郑建树镇序，信士郑人祝、祐享、祐送、祐起，各三两；信士郑和臻、和廉、和寅、步濂、祐陈、舍楣、奶芳，各二两；增生郑儒馨，生员郑芳联，监生郑辉殷，信女周高悉，各二两；卫千郑儒陛，贡生郑儒林，信士郑连举、连榜、和奉、和辉、和均、和永、镇海、高楷、登廉、登仕、舍超、舍模、汝添、开甯、连章、步镇、辉芹、舍旬，贡生郑俊彦、镇国，监生萧享炉，信士张高寿，各一两五钱

生员郑朝斗，监生郑建衡，庠生郑和甲、掟三，职员郑振志、俊德、芳扬、贵荣，信士郑裔明、建连、祐凛、祐宝、奇照、□照、祐荣、祐江、闻春、步蟾、和新、和□、辉滨、五凤、敦干、钟谟、以国、承梓、□瑞、登銮、人毕、照星、高城、舍标、林绍清、张富有，各一两

监生郑镇邑，生员郑锡龄，职员郑鹤龄，信士郑高陞、连捷、全宽、祐庆、和调、超凤，各一两

克铭、员享、替化、扬、和官、焕、祐浩、祐连、树荣、逢纯、逢造、□赐、潘建檀、园、□、登焕、禧、绵、连壁、镇、秋、舍陈、新、钟肃、虎榜、以惠、□、以械、策、奇信、奇文、对伦、辉滔、辉栢、登烈、敦褒、仕武、连辉、立、建昌、衔舍获、人位、陈臻、刘云梓，监生郑辉炎、萧高长，各五钱

岁 大清光绪三年阳月初十卯时架柱大吉

董事 生员郑儒徽,职员郑玉成,职员郑捷渭,监生建韶,庠生郑榑信、郑翘,协社内人等,仝立

4. 不知名碑

本庙上座原 嘉庆壬戌年创建因狭小与前座不对道光丙申年九月吉日公议再建深阔高大配对成局将上祖五代田捐吊费用仍邀户下再捐银芳名勒碑

监生郑镇龙银八两、童生建亨银六两、庠生和仕银五两、信士人灼银五两高坚银五两、监生雄才银五两、信士若日银四两、和长银四两、信士和铃银三两、和清银三两、信士和新银四两、高玉再助后凑地基深二丈阔四丈

信士郑若齐钱二千、人源银二两、人莘银二两、□蒲银二两、人性银二两、和炘银二两、人甲银二两、监生高选银三两、为仁派下三两、外爱山公捐水松椿杉及石条

信士郑人祝乙千二百、人灿乙千、奇安乙千、人春乙千、若山乙千、奇和乙千二百、人忠乙千二百、庠生和甲乙两、以镇乙两

信士郑若春乙两、人声乙两、人龙乙两、人英乙两、人□乙两、来祥乙两、和兆乙两、和发乙两

董事 监生光泰、辉灼、和标、人斗、和宣、和□、人翼、奶康、人炳、□蒲人仕、仝立

岁 大清道光十六年岁次丙申菊月念六日午时重新建造谷旦

5. 祭鱼文书

【鱼祭】地点:鱼冢

队伍(依次):锣鼓、扛旗、村民(统一服装)

仪式:年丰日历,日吉时良,鱼祭仪式正式开始,鸣炮三声

鸣锣一声,鸣锣两声,鸣锣三声,上香

上香,二上香,三上香,敬香

一献酒,二献酒,三献酒,敬酒

【祭文】

时维某年,岁次(丁亥),鲤鱼溪人谨以三炷馨香、三厄清酒致祭于鲤鱼之

亡灵而祷告之曰：溯吾先祖为澄清溪水而放养汝类，螽斯繁衍，遂以涧里鳞潜而蜚声遐迩，迄兹八百春秋。人谙鱼性，鱼领人情，患难与共，欢乐斯同。洋洋乎吹萍哜藻，悠悠哉喷沫扬鳍，聚水族之精英，钟山村之秀丽。纵来吕尚，不敢垂纶；倘莅冯驩，无由弹铗。罔教竭泽，若个敢烹！伫看云海飞腾，奋三千之气势，正待龙门变化，开九万之前程。奈何天不永年，遽尔云亡，人非草木，孰能忘情！衔悲忍痛，瘗汝魄还，招汝魂兮，以表吾侪博爱，惟祈汝裔蕃昌，伏惟尚飨。

附录五

八景参考诗歌

刘晟堉　整理

（一）八景

1. 半月沉江

渐近团圆对饮宜，婵娟临水俨全窥。

如张扇摺风皆好，但揭帘钩香便知。

侧树未花开有待，怀珠自媚孕当时。

拓胸洗臾人间见，休怨凌波出浴迟。（郑丹诚）

山势浑如片月弯，何处江山见团圆。

天公早示文明象，画出球圆地半环。（郑宗霖）

大地山河日夜奔，形同破镜露新痕。

嫦娥一濯清江水，纵遇蛟龙不敢吞。（叶瑞琪）

月岫昭昭万古传，似钩倒影入前川。

嫦娥侧面通消息，长照峬源亿万年。（叶瑞琪）

谁将宝镜天边裂，余晖倒映金波缺。

欲拟庾楼光分明，半面桩冰轮江。

上跃早被吴刚削，影满在何年朝朝，望未然。

（王鸿 右调菩萨蛮）

一轮明月到中央，却被愁云锁半边。

涧水夜沉圆桂魄，浑如弓驰正张弦。（王鸿）

半轮跃出耀乾坤，月色浓浓入梦魂。

枕上忽闻鸡唱晓，人间世处不朝暾。（郑筱蕗）

草木为轮玉作身，迢迢半在曲江滨。

漫疑破镜飞天上，吞吐之中最有神。（郑霖济）

2. 涧水鳞潜

沼沼涧水泻银河，都潜鳞此最多。

逐队徜徉依嫩藻，成群荡漾戏微波。

曾看玉尺清流跃，又见金梭碧浪过。

灵鲤从来知变化，他时烧尾果如何。（郑芳联）

曾向龙门点额面，潜身幽涧养鳞威。

他时禹浪三重透，鼓鬣扬鬐听夜雷。（王鸿）

渭泉流出水迢迢,喽藻依蒲乐亦饶。

组织金鳞浑是锦,纵容潜伏也为昭。(郑霖济)

溪流竟日响淙淙,锦鲤游翔乐百双。

带到崇朝云雨合,昂头一一化成龙。(郑宗霖)

一涧潆泗最有恒,潜鱼游泳乐弥增。

锦鳞沫喷情谊适,碧水涛翻势沸腾。

依藻浮沉波滚滚,凭空跳跃浪层层。

埔川养角真堪羡,好向龙门变化登。(郑儒徽)

涧流九曲似龙腾,水色山光翠万层。

鳞已千年终变化,潜身春到看飞升。(佚名)

游鳞翻浪戏埔源,拍半沉浮吐亦吞。

鼓鬣扬鬐依碧水,乘时变化跃龙门。(郑儒徽)

壁鳞浪里弄银刀,翘首龙心万仞高。

不用僧繇加画锁,任它风雨起波澜。(叶瑞琪)

3. 麻岭春晴

律到阳和色色珍,遥看麻岭尽生新。

千枝锦绣连天霭,一带晴光满地春。

风暖鸟声随处碎,日高花影遍山陈。

骚人眺望诗怀展,赋就玲珑不染尘。(陈星衡)

麻岭崇高最有名，许多庶类乐春晴。

行人漫揽山中景，步步青云足下生。（陈星衡）

千寻峭壁望嶙峋，天气融和恰值春。

指点晴光如画里，两三知有早行人。（郑宗霖）

荡胸神秀蹑天根，四面晴光声处尊。

贾勇会须凌绝顶，一行罗雀似儿孙。（叶瑞琪）

麻岭崇高一望同，春晴远照更和融。

韶光满眼长途外，瑞霭盈怀险道中。

路崎岖兮凭想息，影朦胧处觅香红。

闻来试与开窗看，绿竹青松异样葱。（郑芳联）

麻鞋踏破万山云，岭北江南雁阵兮。

春意何如人意好，晴岚放眼尽氤氲。（佚名）

峻拔凌云势莫穷，独携短策看春融。

晓来烟树笼红日，翠压峰峦一万重。（王鸿）

阴岭终南地纪秦，浮生积雪有余尘。

忽然律转阳回候，一泻晴光万里春。（郑霖济）

4. 石牛西卧

曾是花村放犊天，冈头化石问何年。

了知函谷骑过后，更忆巢仙牵饮前。

卧向桃林还自在，梦移银汉想初圆。

西晴春及犹思起，万姓仓箱赖汝肩。（郑丹诚）

斜阳莫遣下西来,傲骨嶙峋亦壮哉。

不食生多餐西露,隐然高卧此山隈。(郑霖济)

历尽风霜路一隅,犁雪无计驾安车。

蒲鞴不设长高卧,挂角何曾有汉书。(叶瑞琪)

石怪犹疑娲氏遗,牛耕终岁不辞疲。

西山日落东山起,卧对秋风不自卑。(郑筱蕗)

石态如牛本自然,奔来西卧镇峰巅。

不愁犁叱三春景,那管农耕四畔田。

晚照常依红野宿,晓风频任绿藤牵。

东方月上谁闻喘,介性无惊祇自眠。(陈星衡)

怪石嵯峨状似牛,草为毛鞯石为头。

松林错认桃林卧,问是谁家牧不收。(王鸿)

一介坚顽石亦奇,娲皇当日鍊应遗。

祇今化作青牛卧,最好斜阳草绿时。(郑宗霖)

5. 双峰插汉

洒霄双管倍淋漓,濡染银河作墨池。

略似华山开巨掌,居然茂苑见修眉。

中峰留有投闲位,神剑终当复合时。

放下樵家柯斧事,爱陪仙叟对围棋。(郑丹诚)

巨灵劈破白云巅,兀立双峰不记年。
最是骚人吟望处,山头四首月初圆。(叶瑞琪)

一峰突起一峰衔,并作文光两道冲。
试向斗牛霄际望,分明匣剑露雌雄。(郑宗霖)

气势巍巍表二峰,宛如伯仲乐相从。
五簪插汉分行出,铜柱擎天并直冲。
霞壅螺头双锦布,花开峭顶两屏逢。
游人奋起登云志,由此升阶步九重。(吴天镜)

突起山峰势骤然,巍峨汉表插编联。
浑如文笔调双管,倒写鸾笺向碧天。(郑霖济)

双岫疑用剑指天,峰回路转一平川。
插云穿雾星辰近,汉武高台敢比肩。(佚名)

一双文掌倒尽天,万顷苍苍展碧笺。
夜盥银河为砚沼,洗磨云雾作松烟。(王鸿)

6. 松间鹤语

龙鳞矗矗势参天,最爱翩翩白鹤连。
千里呼群音叶韵,枝头唤友舌调弦。
禽声犹带松声滑,鸟影曾和树影妍。
想是大夫多秀气,趁兹玉羽可称仙。(郑儒微)

青松白鹤可知心,为寄孤高语信深。
雪里精神云外客,千锤百炼一生身。(郑霖济)

鹤集乔松奈晓霜，林间泣月韵凄凉。

经秋语罢归仙岛，约定明年话更长。（陈星衡）

松柏千寻耸入云，间多院落沐朝曛。

鹤龄更兆期颐寿，语纵寥寥意自殷。（佚名）

乔松苍翠满乡山，且喜鹤群语往还。

顶卓树巅联鹭序，翎杨木末冠鹓班。

欲为仙客同龙化，藉作羽仪与凤娴。

也效和声鸣盛世，故常楼倚大臣间。（郑儒声）

盘顶长松入太阴，昂藏一鹤立千寻。

九泉凤送下李韵，声在青山结实音。（叶瑞琪）

乔松十丈际天高，鹤语盘空意若何。

同是世间千岁物，可知此地寿人多。（郑宗霖）

华表归来松作亲，夜鸣有子和知音。

只然松下烹茶急，唤起蓬莲旧日心。（王鸿）

7. 天马南旋

化龙飞渡爱南熏，马迹千年溯旧闻。

毛洗渥洼纯捲雪，老归华岳惯川云。

生天骏骨浑成画，坠地房星秀出群。

与尊指车资识路，凯旋还有报将军。（郑丹诚）

灵钟北骥向东来,毛色苍苍隐碧苔。
知是文明天运启,腾骧万里会呈材。(郑霖济)

天马人间造物奇,马峰作障奠宏基。
南窗坐看雍熙象,旋律刚柔画入诗。(兰居山人)

天马行空气本衡,飞来无迹又无踪。
何人揽策高骑去,踏破蓬莱顶上峰。(郑宗霖)

嵯峨天马永相参,旋顾呈才万象含。
一蹴青云居辙土,千年朱鬣峙山南。
负圆应见龙同耀,类地真如骥共骖。
瘠驳健良离位照,钟灵英杰远而覃。(郑儒声)

天马南来势若龙,奔腾云路气何雄。
孙阳去后无人顾,怎敢长嘶五夜风。(王鸿)

南旋天马早知闻,取势行空跨白云。
伯乐何时能一顾,追风声价定超群。(叶瑞琪)

化龙飞渡爱南薰,马迹千年溯旧闻。
兴导指车资识路,凯旋还有报将军。(郑丹诚)

8. 紫云晓霁

昨夜闻萧吹太清,今晨云映紫泥明。

霁光入袖遥分爽,霞彩依觞乍解醒。

岩桂月华供露在,磴台情晕化霓戍。

恍从薇省才摩眼,遮道宫袍看禁城。(郑丹诚)

紫气临窗掌砚安,云山重叠好临栏。

晓耕夜谈饶佳趣,霁月襟怀天地宽。(郑筱蕗)

山号紫云浮淑气,日光掩映万重山。

举头自觉青天在,紫翠相连霁汉间。(王鸿)

晓霁虹融万象呈,祥云乱漫焕盈盈。

徐来一派微风起,灿烂文章满地成。(陈星衡)

紫云胜景岂寻常,晓霁漫天映画堂。

石柱坑头腾瑞霭,山亭座上起祥光。(郑芳联)

乍离还合连峰顶,似绮如霞绕野塘。

好共登临凭远眺,岭头花鸟尽文章。(佚名)

晓催红日出蓬莱,山色空濛一望开。

眼底岚光云影荡,宛然紫气自东来。(郑霖济)

晓起云拖紫花开,重重苍翠入楼台。

愧无摩诘诗中意,描得山家宣谱来。(郑宗霖)

紫云山上绕氤氲。乘兴扶摇一杖尊。

最是耐人饶逸韵,仙家鸡犬宿云根。(叶瑞琪)

(二)其他

1.吉祥如意

福橘登盘应瑞徵,祠堂肃穆奉尝烝。

苍玄运启宜相庆,百艼辞成不自矜。

果献南山遐寿祝,筹添北海湛恩承。

儜看后裔锦瓜瓞,忠孝仁慈祖武绳。(郑志扬)

和气门闾必致祥,莫教东壁蠹缥缃。

摛辞掞藻能如意,直使毛锥化剑铓。(佚名)

三官作颂气犹豪,神兽何须话补牢。

倘得世人酬宿愿,风云驾驭展龙韬。(佚名)

为颂贞坚缀九章,触藩砺角气昂扬。

曾经叱石虔三祝,一自登盘兆百祥。

毕竟行仁收硕望,固然积善获余庆。

枌乡许是钟灵地,奕世骚坛有栋梁。(郑志扬)

精神物览西隆丰,一角溪山灵秀钟。

叱石也曾苏武牧,与能谁不仰高踪。(佚名)

中华瑰宝放光芒,跪乳犹至孝道彰。

千载世皆推橘颂,贞坚操节广传扬。(佚名)

乡云滕霭舞商羊,霖雨苍生夙愿偿。
此日华堂同祝嘏,殷期逢吉亨康强。(佚名)

霭霭乡云护吉祥,堪矜文角独昂庄。
何当挚把金如意,五典三坟不至忘。(佚名)

2. 梅开五福

兀立山巅傲雪霜,闻来不是等闲香。
虬枝横玉仙心骨,绿萼凝珠淑女妆。
三友同心凭志笃,百花先领仗情长。
世心喜作罗浮梦,五出奇葩送吉祥。(蓝云昌)

岭上江边匿众香,漫天皆白独秾妆。
此情欲诉唯知己,坦荡心胸有艳阳。(佚名)

雪里翩翩梅浓晴,素梅偕雪画图横。
梅随雪影千山远,雪伴梅香举世清。(佚名)

茫茫四野敛飞埃,晨雾弥天雪垒毫。
昨夜临溪红一朵,春心涌动破空来。(佚名)

疏枝耐得霜雪催,匝岭连江独占魁。
缔竹盟松情已笃,迎春向日意无猜。
投绿和靖陪朝夕,祛病定庵忙去来。
为慰苍生休怅惘,豁然红蕊望中开。(蓝云昌)

笑面盈盈垄上开，年年破腊迓春来。

尘寰最贵躬行者，耐得艰辛是大材。（佚名）

历雪经霜年复年，童心依旧艳阳天。

天生一副嶙峋骨，香自幽幽蕊自妍。（佚名）

月下寻梅绮陌平，梅情月意任心耕。

吐芬梅朵流光月，一样襟怀向太清。（佚名）

3. 花开富贵

雍容尊贵最风光，何碍当年贬洛阳。

魏紫姚黄争绝色，朱砂金屑冠群芳。

月华蘸露扶仙掌，粉汗更衣染御香。

怪底旁人生妒眼，万千丛里独称王。（兰居山人）

沐得春晖已感恩，非徒富贵可抡元。

借将士料题材好，佳构应无斧凿痕。（佚名）

英姿绰约衬红裳，香雾迷濛甫晓妆。

恰似美人临玉镜，笑渠蜂蝶不须忙。（佚名）

堪笑田花不羡仙，惊鸿一瞥影联翩。

露绡雾縠神情美，疑是仙娥降九天。（佚名）

谁买长门作赋才，生花无梦故徘徊。

燕衔落蕊成金屋，风蚀残钗化宝胎。

三月繁华春睡足，六朝芳草紫霞堆。

上尊合赐词臣阁，邀赏还宜八骏来。（兰居山人）

丽质天生别样新,却嫌脂粉污佳人。
摩肩接踵看花客,洛下轻扬十丈尘。(佚名)

冷香半为露珠凝,上苑移栽敢自矜。
欲溯根源何处是,连桃洛水应相承。(佚名)

厕身大块已蒙恩,托迹名园又近尊。
顷刻优量虽不似,万华过眼于无痕。(佚名)

4. 龙凤呈祥

苍龙彩凤唠朝阳,凤翥龙腾国运昌。
且举龙旗彰凤藻,犹吹凤管灿龙光。
龙门凤宸三星耀,凤阁龙楼七宝装。
为有凤龙佳子弟,谛缘龙凤自呈祥。(蓝云昌)

献瑞神龙舞海空,穿云拨雾唤东风。
欣逢盛世人安乐,万水千山尽郁葱。(佚名)

起蛰龙腾景象明,悠悠千仞凤鸣声。
此情非是仙山景,四海升平紫气盈。(佚名)

龙章凤彩喻英才,威凤成龙倚鼐裁。
凤翥龙翔光氏族,雕龙卜凤敢争魁。(佚名)

龙腾碧海凤冲霄,舞凤飞龙吉兆招。

凤引五禽来福地,龙生九子闹春朝。

祥云簇处龙鳞闪,瑞气生时凤羽飙。

殷盼成才龙凤愿,千家万户龙凤描。(江心林)

羽成五彩一仙禽,鸣若箫笙送吉音。

自信暖巢今筑得,随时堪引入桐林。(佚名)

食竹鸣冈止帝梧,音同金鼓智灵珠。

来仪有凤昌明世,国泰民安德化敷。(佚名)

蛟龙偃伏沼为窠,暂与虾蟆作混和。

一旦鳞丰头角就,呼风唤雨震山河。(佚名)

5. 山水怡情

溯从宋代据荒遐,背崀青山面水家。

潋滟清流潜锦鲤,槎枒老树恋寒鸦。

能谙游兴闲相狎,似解吟声静不哗。

太古风犹传奕世,奇观早已播中华。(佚名)

东风自不负山家,一样氤氲竞物华。

槛外清溪呈潋滟,堤边古树挺槎枒。

牛随鞭影耕阡陌,蜂和吟声闹午衙。

煮茗箫齐邀野老,俩三相对话桑麻。(佚名)

6. 松鹤延年

枌乡胜概斐然妍,水色山光缔善缘。
鹤舞千秋银汉上,松喧万仞翠峰前。
幸随彭祖登遐寿,欣伴王乔享永年。
造福民生臻蔗境,亭台把酒望舒圆。(唐庆清)

鹤发龙髯耄耋翁,英姿道骨蕴仙风。
筹添海屋千秋颂,祝嘏咸钦德泽隆。(佚名)

松涛起伏荡山陬,万籁喧豗得月楼。
滴翠千秋满故梓,观同丹鹤白云俦。(佚名)

举步枌榆着黑看,松登遐寿比南山。
乡贤尝宿开颜览,洪福齐天不等闲。(佚名)

盛世雍和着锦归,鲤溪千户沐春晖。
苍松浥露迎风舞,丹鹤凌云向日飞。
胜水名山如锦绣,画楼绮阁比珠玑。
敦亲睦族丰标树,福慧双修奏玉徽。(唐庆清)

不恋缁衣恋布衣,高贤腕底画珠玑。
云衩如鹤凌云上,尽展鸿猷恣奋飞。(佚名)

鹤鸣高士仰苍颜,墨溢书香欲桂攀。
应是生来膺景命,千年奋翮彩云间。(佚名)

力扎深根故土生,青松不老势峥嵘。
春风又拂雍熙日,朗朗乾坤享太平。(佚名)

7. 竹报平安

千丛万个一竿竿,劲节虚怀不畏寒。
玉版引风吟有韵,金樽对月醉成欢。
繁阴快意同扶杖,凉吹披襟独倚栏。
此物也知人渴望,为君堂上报平安。(甘棠 刘锦洪)

闲情欲遣曲栏凭,眠底幽篁翠黛凝。
记得湘妃曾洒泪,斑痕个个叠层层。(佚名)

自引微风摇凤尾,敢穿岩隙苴猫头。
枝节事影铺三经,躬纵弯时气节遒。(佚名)

雅人风致明三省,高士襟怀仰七贤。
抱节成龙培嫩笋,殷期槿后兴光前。(佚名)

性伴梅妹与松兄,门雪凌霜缔雅盟,
傲骨羞同花竞艳,清心戒与世争名。
半窗月色饶风韵,满径熏风寄激情。
咬定青山持劲节,无求赢得一身轻。(佚名)

淡薄生涯掬至诚,修篁应候子孙生。
为君报个平安信,一信中涵缱绻情。(佚名)

自在林中报好音,凌云戛玉复节金。
低头不负平生节,解择尤望捧日心。(佚名)

影竿疏影映窗前,凤尾摇风背翠连。

赢得世人同赞许,虚怀亮节秉贞坚。(佚名)

8. 桂馥兰馨

春来竞放百千枝,雅韵清芬自沁脾。

幽谷潜身唯养晦,名园德威不矜奇。

三湘芳草魂犹繁,九畹灵根梦亦思。

何必人夸颜色好,一茎一瓣总相宜。(郑筱蕗)

冰壶炼质古来难,欲折秋闱梦已阑。

天上一轮圆桂魄,人间万众仰头看。(佚名)

当心丹桂舞霓裳,惹得骚人引领望。

最是秋深红叶候,露垂金栗蕴清香。(佚名)

素淡孤高不染尘,影董舍览报熙善。

寸心寂静何须大,为有清香佩与人。(佚名)

未籍群芳谱自疑,料知仙种月宫移。

丝丝露浥黄金蕊,袅袅香飘碧玉枝。

能为溪山添秀色,不因风雨损英姿。

静观我有悠悠感,小立廊前藻思驰。(郑筱蕗)

自古幽贞仰典型,葳蕤倩影映阶庭。

称王不屑真君子,楚泽灵根播远馨。(佚名)

枝枝擢秀映阶庭,楚泽积根秉性灵。

不用丹青描绝色,飘香桂子蕙兰馨。(佚名)

桂子随风阵阵香,凝脂艳晴素嫁妆。

捣霜得窟凭传说,一度秋来满树黄。(佚名)

参考文献

一、福建省周宁县档案馆馆藏档案

[1] 周宁县浦源区委员会：《浦源区委第一区委关于土改、斗争恶霸、伪人员统计的总结、诉苦材料、汇报、意见、报告、花名册》，馆藏号：63-1-1。

[2] 周宁县浦源区委员会：《有关土地改革的各种统计表》，馆藏号：63-1-2。

[3] 周宁县浦源区委员会：《浦源区委员会第一区委有关各乡刀会自新登记表》，馆藏号：63-1-5。

[4] 周宁浦源区委会：《有关各乡划分成分的登记表、统计表》，馆藏号：63-1-7。

[5] 周宁浦源区委会：《有关没收土地、刀会匪情、反霸等工作的汇报、草案、提纲》，馆藏号：63-1-9。

[6] 周宁县浦源区委员会办公室：《有关浦源乡斗争地霸、镇反及坏分子的报告、总结》，馆藏号：63-1-10。

[7] 周宁县浦源区委员会：《有关土地改革、土地整顿工作的报告、总结、草案、方案、汇报》，馆藏号：63-1-12。

[8] 周宁县浦源区委员会：《有关反霸斗争、清理积案、整顿管制、宗案及各组织的材料、登记表、报告、总结、统计表、花名册》，馆藏号：63-1-14。

[9] 周宁县浦源区委员会：《浦源乡1951年有关土地及生产文件》，馆藏号：63-1-23。

[10] 周宁县浦源区委员会：《关于浦源乡土地清册》（1）—（8），馆藏号：63-1-30、34、36、37、38、40、41、42。

[11] 周宁县浦源区委员会：《有关土地改革五大财产登记表》，馆藏号：63-1-44。

[12] 周宁县浦源区委员会：《浦源乡工作计划、报告、总结》，馆藏号：63-1-71。

[13] 周宁县浦源区委会：《有关土地分配等统计及劳动模范登记表》，馆藏号：63-1-105。

二、地方志、专著

[1] 周宁县浦源镇志编纂委员会：《浦源镇志》，福建美术出版社 2015 年版。

[2] 中国社会科学院、中央档案馆：《中华人民共和国经济档案资料选编（1949—1952）——农村经济体制卷》，社会科学文献出版社 1992 年版。

[3] 杜润生主编：《中国的土地改革》，当代中国出版社 1996 年版。

[4] 罗平汉：《土地改革运动史》，福建人民出版社 2005 年版。

[5] 王瑞芳：《土地制度变动与中国乡村社会变革：以新中国成立初期土改运动为中心的考察》，社会科学文献出版社 2010 年版。

[6] 林强主编：《中共福建地方史·社会主义时期》，中央文献出版社 2008 年版。

三、论文

[1] 刘志伟：《明清族谱中的远代世系》，《学术研究》2012 年第 1 期。

[2] 李洪元、席国胜、徐三郎、尹大明、石壁岭：《中国唯一鲤鱼文化古村落浦源 人鱼相守 800 年》，《福建农业》2014 年第 2 期。

[3] 陶敏辉：《鲤鱼溪边说浦源》，《政协天地》2012 年第 7 期。

[4] 张廷银：《传统家谱中"八景"的文化意义》，《广州大学学报（社会科学版）》2004 年第 4 期。

[5] 赵夏：《我国的"八景"传统及其文化意义》，《规划师》2006 年第 12 期。

[6] 张廷银：《西北方志中的八景诗述论》，《宁夏社会科学》2005 第 5 期。

[7] 顾金土、邓玲：《中国历史文化名村的时空特征及与地方经济发展关系分析》，《湖南农业科学》2012 年第 19 期。

[8] 何峰、杨燕、易伟建：《历史文化名村旅游开发的 SWOT 分析——以湖南张谷英村为例》，《热带地理》2010 年第 5 期。

[9] 李欣华、杨兆萍、刘旭玲：《历史文化名村的旅游保护与开发模式研究——以吐鲁番吐峪沟麻扎村为例》，《干旱区地理》2006 年第 2 期。

[10] 常浩：《八闽历史文化名镇名村保护与利用思考》，《福建文博》2011 年第 2 期。

[11] 李小云、闵忠荣：《江西山地丘陵地带历史文化名村保护规划探析——以贵溪耳口曾家村为例》，《华中建筑》2010 年第 9 期。

[12] 张一平:《三十年来中国土地改革研究的回顾与思考》,《中共党史研究》2009 年第 1 期。

[13] 李良玉:《建国初期的土地改革运动》,《江苏大学学报(社会科学版)》2004 年第 1 期。

[14] 陈于勤:《福建省土地改革运动探讨》,《党史研究与教学》1994 年第 1 期。

[15] 陶艳梅:《建国初期土地改革述论》,《中国农史》2011 年第 1 期。

[16] 李里峰:《经济的"土改"与政治的"土改"——关于土地改革历史意义的再思考》,《安徽史学》2008 年第 2 期。

[17] 叶明勇:《新中国成立后土地改革运动研究述评》,《北京党史》2008 年第 5 期。

[18] 武力:《要重视土地改革对乡村社会的深远影响》,《当代中国史研究》2011 年第 1 期。

[19] 黄宗智:《中国革命中的乡村阶级斗争——从土改到"文革"时期的表达性现实与客观性现实》,《中国乡村研究》2003 年年第 2 期。

[20] 李春宜:《湖南平江县土地改革研究》,华中师范大学硕士学位论文,2006 年。

[21] 尹进:《建国初期土地改革与乡村社会——以桂林地区为例》,广西师范大学硕士学位论文,2008 年。

[22] 谢丹琳:《建国初期的龙岩县华侨与土地改革》,厦门大学硕士学位论文,2014 年。

后 记

石红梅

实践的观点是马克思主义哲学首要的基本观点,实践育人是马克思主义实践观在高等教育领域的直接运用。加强思想政治理论课实践育人工作,对推进素质教育、培养创新人才、建设创新型国家意义重大。党的十八大报告明确指出:"要着力提高教育质量,培养学生社会责任感、创新精神和实践能力。"高校思想政治理论课是培育社会主义事业接班人的重要渠道和有效平台,面对鲜活的社会现实,高校思想政治理论课必须紧密联系社会实践,切实抓住实践育人环节,不断提升思想政治理论课教学的实效性。

厦门大学高度重视思想政治理论课(以下简称"思政课")实践育人工作,积极探索实践教学新模式。2011年12月,在思政课前期探索实践教学的基础上,厦大制定了思政课实践教学《实施办法》和《实施方案》,同时,学校成立了实践教学领导小组,全面协调实践教学活动的开展。制度的建立、经费的投入、组织体系的完善,为推进实践教学的长期稳定开展提供了强有力的保障。

思政课的实践教学推行以项目为载体、以问题为导向的实践教学模式,实现多方共赢。目前,厦大的实践教学已进行了6年,马克思主义学院与宁德、龙岩、固原、恩施等地党政部门共建近20个思政课实践教学基地,实践教学站点达160多个，学校学生在老师的指导下，调研足迹横跨全国30个省（直辖市、自治区）160多个县（市、区），形成了2000多份调研报告。这些调研报告不断地转化为教学素材、科研论文、著作和资政报告，也与大学生课外学术科技作品竞赛相联结，孵化形成较有影响力的成果。《土地流转、农民权益与新型经营主体：在流转中实现共赢——河南鄢陵模式探析》获得第十四届"挑战杯"全国大学生课外学术科技作品竞赛特等奖。第十五届"挑战杯"全国大学生课外学术科技作品竞赛中实践教学成果也荣获二等奖1项、三等奖1项，在实践调研报告基础上我们出版了《中西部扶贫之路：恩施经验》、《发现中国农村——大学生视野中的"三农"问题》、《闽东抗日战争档案史料》第1—3辑等8部著作，发表论文6篇，形成的资政报告65篇，其中被省部级批示、采纳30余篇，培育出了像"农民之子""马列经典著作读书社""习近平新时代中国特色社会主义思想读书社"等学生社团。尤其值得指出的是，在多年的实践教学中，我们逐步凝练出既有现实需求又有理论意义的实践教学调研系列，社会实践教学成效逐年放大。《光明日报》、人民网、《中国教育报》头版头条都报道了厦大思政课的育人模式。在全国高校思想政治工作会议召开期间，新华社刊发了题为《党的十八大以来加强高校思想政治工作纪实》的通讯，其中专门报道了我校拿出3个学分作为实践学分，要求所有学生参加社会实践的工作内容。

　　本书所依托的调研主题就是这些年来厦门大学思政课实践教学课题"红色文化资源的保护与利用调研"的成果。近6年来，李小平、张侃、董兴艳、邱志强、李德元、水海刚等老师带领学生到福建省宁德、龙岩等地进行了广泛而又深入的红色文化资源的调研。一方面，他们进入各市县档案馆，系统查阅历史档案，与档案馆合作，整理出版馆藏的珍稀、特色档案。业已出版的《闽东抗日战争档案史料》第1—3辑，在国内外引起较大的反响。另一方面，他们持续关注乡村百年变迁史，带领学生深入乡村，开展田野调查，结合档案文献，撰写了系列调查报告。培养学生，是老师们带队调研的初衷。在调研过程中，学生们获得了必要的学术训练，多位硕士生借此调研确定了硕士论文

后　记

选题,调研时搜集的原始档案和第一手田野调查资料又为他们的硕士论文提供了扎实的史料支撑。本书就是在学生执笔的调查报告"历史文化名村浦源的百年变迁"的基础上修订而成,该报告曾获得2017年厦门大学思想政治理论课实践教学优秀调查报告一等奖。作为分管思政课教学的学院领导,值此书出版之际,我非常高兴。衷心感谢各位带队老师和同学的辛苦付出,感谢这个美好的时代所给予我们的各项保障条件,调研所带来师生的历史的厚重感和家国情怀一定会历久弥新,催人奋进。

"纸上得来终觉浅,绝知此事要躬行。"目前厦门大学思政课实践教学已从单向输出变成双向交流,思政课也从方寸教室,扩展到山海天地,师生们用自己的所学、所思正在助力于地方和社会经济社会的发展,学生、教师、学校、地方多赢的育人局面正在形成,最重要的是思政课实践育人模式,对高校师生坚定中国特色社会主义道路自信、理论自信和制度自信、文化自信起到了积极的、不可替代的作用,是高校办好人民满意的教育,培养合格的社会主义事业接班人的有益的探索。

习近平总书记2018年5月2日在北京大学师生座谈会上的讲话中希望青年学生要爱国、励志、求真、力行。他希望广大青年要把自己的理想同祖国的前途、把自己的人生同民族的命运紧密联系在一起,扎根人民,奉献国家。每个青年都要做新时代的奋斗者,珍惜大好学习时光,求真学问,练真本领。他说,学到的东西,不能停留在书本上,不能只装在脑袋里,而应该落实到行动上,不论学习还是工作,都要面向实际、深入实践,实践出真知。社会主义是干出来的,是在生动的实践中不断推进的,思政课要高度重视实践育人,培养青年大学生作为社会主义建设者和接班人的使命担当,做新时代的追梦者、圆梦人。